Kitba tal-Ktieb tal-Kċina Indjana 2023

Reċċetti Tradizzjonali u Moderni

Rhea Patel

Kontenut

Doża rapida 18
    Materja prima 18
    Metodu 19

Roll tal-patata ħelwa 20
    Materja prima 20
    Metodu 20

Pancakes tal-patata 21
    Materja prima 21
    Metodu 22

Murgh Malai Kebab 23
    Materja prima 23
    Metodu 24

Keema puff 25
    Materja prima 25
    Metodu 26

Pakoda tal-bajd 28
    Materja prima 28
    Metodu 29

Doża tal-bajd 30
    Materja prima 30
    Metodu 31

Khasta Kachori 32
    Materja prima 32

    Metodu.. 33

Dhokla ta 'legumi mħallta 34

    Materja prima 34

    Metodu.. 35

Frankie 36

    Materja prima 36

    Metodu.. 37

Delight bil-besan u l-ġobon 38

    Materja prima 38

    Għat-taħlita tal-besan: 38

    Metodu.. 39

Idli bżar 40

    Materja prima 40

    Metodu.. 41

Canape tal-Ispinaċi 42

    Materja prima 42

    Metodu.. 43

Paushtik Chaat 44

    Materja prima 44

    Metodu.. 45

roll tal-kaboċċi 46

    Materja prima 46

    Metodu.. 47

Ħobż tat-tadam 48

    Materja prima 48

    Metodu.. 48

Blalen tal-qamħ u tal-ġobon 49

- Materja prima 49
- Metodu 49
- Qxur taċ-ċereali Chivda 50
  - Materja prima 50
  - Metodu 51
- roll tal-ġewż 52
  - Materja prima 52
  - Metodu 53
- Rombli tal-kaboċċi bil-kustilji 54
  - Materja prima 54
  - Metodu 55
- Pav Bhaji 56
  - Materja prima 56
  - Metodu 57
- Cutlets tas-sojja 58
  - Materja prima 58
  - Metodu 58
- qamħ bhel 60
  - Materja prima 60
  - Metodu 60
- Methi Gota 61
  - Materja prima 61
  - Metodu 62
- Idli 63
  - Materja prima 63
  - Metodu 63
- Idli Aktar 64

Materja prima 64

Metodu 65

Arzoffli Masala 66

Materja prima 66

Metodu 67

kebabs mint 68

Materja prima 68

Metodu 68

Veġetali Sevia Upma 69

Materja prima 69

Metodu 70

Bhel 71

Materja prima 71

Metodu 71

Sabudana Khichdi 72

Materja prima 72

Metodu 73

wieħed dhokla 74

Materja prima 74

Metodu 75

Jaldi patata 76

Materja prima 76

Metodu 76

Oranġjo Dhokla 77

Materja prima 77

Metodu 78

Chou Muthia 79

Materja prima 79

Metodu 80

Rava Dhokla 81

Materja prima 81

Metodu 81

Chapatti Upma 82

Materja prima 82

Metodu 83

Mung Dhokla 84

Materja prima 84

Metodu 84

Mughlai Laħam Cutlet 85

Materja prima 85

Metodu 86

Masala Vada 87

Materja prima 87

Metodu 87

Kaboċċa Shivda 88

Materja prima 88

Metodu 89

Ħobż Besan Bhajji 90

Materja prima 90

Metodu 90

Methi Seekh Kebab 91

Materja prima 91

Metodu 91

Jhinga Hariyali 92

- Materja prima 92
- Metodu 93
- Methi Adai 94
  - Materja prima 94
  - Metodu 95
- Chaat tal-piżelli 96
  - Materja prima 96
  - Metodu 96
- Shingada 97
  - Materja prima 97
  - Għall-għaġina: 97
  - Metodu 98
- Basla Bhajia 99
  - Materja prima 99
  - Metodu 99
- Bagani Murgh 100
  - Materja prima 100
  - Għall-pickles: 100
  - Metodu 101
- Ticker tal-patata 102
  - Materja prima 102
  - Metodu 103
- Batata Vada 104
  - Materja prima 104
  - Metodu 105
- Brochette żgħira tat-tiġieġ 106
  - Materja prima 106

Metodu 106

Għads 107

    Materja prima 107

    Metodu 108

poha nutrittiv 109

    Materja prima 109

    Metodu 109

Fażola diżgustanti 110

    Materja prima 110

    Metodu 111

Ħobż Chutney Pakoda 112

    Materja prima 112

    Metodu 112

Methi Khakra Delight 113

    Materja prima 113

    Metodu 113

Chop aħdar 114

    Materja prima 114

    Metodu 115

Handvo 116

    Materja prima 116

    Metodu 117

Pasti tal-banana bil-ħwawar 118

    Materja prima 118

    Metodu 118

masala dosa 118

    Materja prima 119

Metodu 119

kebabs tas-sojja 121

    Materja prima 121

    Metodu 122

Smid Idli 123

    Materja prima 123

    Metodu 124

Cutlet bil-bajd u l-patata 125

    Materja prima 125

    Metodu 125

Shivda 126

    Materja prima 126

    Metodu 127

Ħobż Bhajjia 128

    Materja prima 128

    Metodu 128

masala tal-bajd 129

    Materja prima 129

    Metodu 130

Gamblu Pakoda 131

    Materja prima 131

    Metodu 131

Dip tal-ġobon 132

    Materja prima 132

    Metodu 133

Mysore Bonda 134

    Materja prima 134

- Metodu 134
- Radhballabhi 135
  - Materja prima 135
  - Metodu 135
- Medou Vada 137
  - Materja prima 137
  - Metodu 137
- Omelette tat-tadam 138
  - Materja prima 138
  - Metodu 139
- Bhuri tal-bajd 140
  - Materja prima 140
  - Metodu 141
- Taħbit tal-bajd 142
  - Materja prima 142
  - Metodu 143
- Jhal Mudi 144
  - Materja prima 144
  - Metodu 144
- Tofu Tikka 145
  - Materja prima 145
  - Għall-pickles: 145
  - Metodu 145
- Hello Cable 147
  - Materja prima 147
  - Metodu 147
- Omelette Masala 148

Materja prima	148
Metodu	149
Bejjiegħ tal-ġewż	150
Materja prima	150
Metodu	150
Wadi minn Kothmir	151
Materja prima	151
Metodu	152
Rombli tar-ross u tal-qamħ	153
Materja prima	153
Metodu	153
Dahi chop	154
Materja prima	154
Metodu	154
Ejja noħorġu	156
Materja prima	156
Metodu	156
Koraishuir Kochuri	157
Materja prima	157
Metodu	157
Kanda Vada	159
Materja prima	159
Metodu	159
Aloo Tuk	160
Materja prima	160
Metodu	160
Cutlets tal-ġewż	162

Materja prima 162

Metodu 162

Dhokla bi mung sprouts 164

Materja prima 164

Metodu 164

Paneer Pakoda 165

Materja prima 165

Metodu 166

Meatloaf Indjan 167

Materja prima 167

Metodu 168

Paneer Tikka 169

Materja prima 169

Għall-pickles: 169

Metodu 170

Paneer cutlets 171

Materja prima 171

Metodu 172

Wied Kebab 173

Materja prima 173

Metodu 173

Blalen tar-ross immellaħ 174

Materja prima 174

Metodu 174

Roll Roti nutrittiv 175

Materja prima 175

Għall-steak: 175

Metodu 176

Kebabs tat-tiġieġ u mint 177

    Materja prima 177

    Metodu 178

fries masala 179

    Materja prima 179

    Metodu 179

Samosa tal-Ħxejjex Imħallta 180

    Materja prima 180

    Għall-għaġina: 180

    Metodu 181

Rombli mqattgħin 182

    Materja prima 182

    Metodu 183

Golli Kebab 184

    Materja prima 184

    Metodu 185

matematika 186

    Materja prima 186

    Metodu 186

Poha Pakoda 187

    Materja prima 187

    Metodu 188

Hariyali Murgh Tikka 189

    Materja prima 189

    Għall-pickles: 189

    Metodu 190

Boti Kebab 191
    Materja prima 191
    Metodu 192
Chat 193
    Materja prima 193
    Metodu 194
Doża tal-ġewż 195
    Materja prima 195
    Metodu 195
Pancakes bil-frott imnixxef 196
    Materja prima 196
    Metodu 196
Botta ross mgħolli 197
    Materja prima 197
    Metodu 198
Torti tal-banana mhux misjur 199
    Materja prima 199
    Metodu 200
Sooji Vada 201
    Materja prima 201
    Metodu 202
Gdim ħelu u qares 203
    Materja prima 203
    Għal muthias: 203
    Metodu 204
Blalen tal-gambli 205
    Materja prima 205

Metodu 206

Kebab Reshmi 207

    Materja prima 207

    Metodu 207

Delight Qamħ Ikkrekkjat 208

    Materja prima 208

    Metodu 209

Methi Dhokla 210

    Materja prima 210

    Metodu 211

Kejkijiet tal-piżelli 212

    Materja prima 212

    Metodu 213

Nimki 214

    Materja prima 214

    Metodu 215

Dahi Pakoda Chaat 216

    Materja prima 216

    Metodu 216

Doża rapida

(Pancake Instant Ross)

Jagħmel 10-12

Materja prima

85g/3oz dqiq tar-ross

45g/1½ oz sħaħ

45g/1½ oz dqiq abjad sempliċi

25g/1oz biċċa smid

60g/2oz besan*

1 kuċċarina kemmun mitħun

4 chili aħdar, imqatta' fin

2 imgħaref ta 'krema qarsa

Melħ għat-togħma

120 ml żejt veġetali purifikat

Metodu

- Hallat l-ingredjenti kollha, ħlief iż-żejt, b'ilma biżżejjed biex tagħmel pejst ħoxna b'konsistenza tnixxi.

- Saħħan taġen u ferra kuċċarina żejt fiha. Ferra 2 imgħaref batter u ferrex b'dahar ta' mgħarfa biex tagħmel pancake.

- Sajjar fuq nar baxx sakemm in-naħa ta' taħt tkun kannella. Mur lura u rrepeti.

- Neħħi bir-reqqa bi spatula. Irrepeti mal-bqija tal-għaġina.

- Servi sħun ma 'kwalunkwe chutney.

Roll tal-patata ħelwa

Jagħti 15-20

Materja prima

4 patata ħelwa kbira, steamed u maxx

175g/6oz dqiq tar-ross

4 imgħaref għasel

20 anakardju, mixwi ħafif u mqatta'

20 żbib

Melħ għat-togħma

2 tsp żerriegħa tal-ġulġlien

Ghee għall-qali

Metodu

- Ħallat kollox ħlief ghee u żerriegħa tal-ġulġlien.

- Irrombla fi blalen daqs ġewż u irrombla żerriegħa tal-ġulġlien biex iksi.

- Saħħan il-ghee f'taġen. Aqli l-blalen fuq nar medju sakemm ikunu kannella dehbi. Servi sħun.

Pancakes tal-patata

Agħti 30

Materja prima

6 patata kbira, 3 maħkuk flimkien ma '3 mgħollija u maxx

2 bajd

2 imgħaref dqiq abjad semplići

½ tsp bżar iswed mitħun frisk

1 basla żgħira, imqatta' fin

120ml ħalib

60 ml żejt veġetali purifikat

1 kuċċarina melħ

2 imgħaref żejt

Metodu

- Hallat l-ingredjenti kollha, ħlief iż-żejt, biex tifforma pejst oħxon.

- Saħħan taġen ċatt u ferrex iż-żejt fuqha. Waqqa' 2 sa 4 mgħaref kbar ta' għaġina u ferrex bħal pancake.

- Sajjar fuq kull naħa fuq nar medju għal 3-4 minuti sakemm il-pancake ikun kannella dehbi u iqarmeċ mat-truf.

- Irrepeti mal-bqija tal-għaġina. Servi sħun.

Murgh Malai Kebab

(Kebab tat-tiġieġ krema)

Jagħti 25-30

Materja prima

1 kuċċarina pejst tal-ġinġer

1 kuċċarina pejst tat-tewm

2 bżar aħdar

25 g/weraq żgħir tal-kosbor, imqatta' fin

3 imgħaref krema

1 tsp dqiq abjad sempliċi

125g/4½ oz ġobon cheddar, maħkuk

1 kuċċarina melħ

500g/1lb 2oz tiġieġ bla għadam, imqatta' fin

Metodu

- Ħallat kollox ħlief it-tiġieġ.

- Immarina l-biċċiet tat-tiġieġ mat-taħlita għal 4 sa 6 sigħat.

- Poġġi ġo dixx li ma jgħaddix mill-forn u aħmi fil-forn f'temperatura ta' 165°C (325°F, gas 4) għal madwar 20 sa 30 minuta, sakemm it-tiġieġ isir kannella ċar.

- Servi sħun maċ-chutney mint

Keema puff

(Melħ mimli bil-laħam ikkapuljat)

Agħti 12

Materja prima

250g/9oz dqiq abjad sempliċi

½ tbsp melħ

½ tsp trab tal-ħami

1 tablespoon ta 'ghee

100ml/3½ fl oz ilma

2 imgħaref ta 'żejt veġetali raffinat

2 basal medju, imqatta 'b'mod fin

¾ tsp pejst tal-ġinġer

tsp pejst tat-tewm

6 chili aħdar, imqatta fin

1 tadam kbir, imqatta' fin

½ kuċċarina turmeric

½ tsp trab tal-bżar

1 kuċċarina garam masala

125g/4½ oz piżelli ffriżati

4 imgħaref jogurt

2 imgħaref ilma

50 g weraq tal-kosbor imqatta' fin

500g/1lb 2oz tiġieġ, imqatta

Metodu

- Għarbel flimkien id-dqiq, il-melħ u t-trab tal-ħami. Żid ghee u ilma. Knead biex tifforma għaġina. Halli għal 30 minuta u erġa' għaġna. Imwarrab.

- Saħħan iż-żejt ġo borma. Żid basal, pejst tal-ġinġer, pejst tat-tewm u chilies aħdar. Aqli għal 2 minuti fuq sħana medja.

- Żid it-tadam, it-turmeric, it-trab taċ-chili, il-garam masala u niskata melħ. Hallat sew u sajjar għal 5 minuti, ħawwad spiss.

- Żid fażola, jogurt, ilma, weraq tal-kosbor u tiġieġ mitħun. Hallat sew. Sajjar għal 15-il minuta, ħawwad kultant, sakemm it-taħlita tkun niexfa. Imwarrab.

- Irrombla l-għaġina fi platt kbir. Aqta 'f'forma kwadra, imbagħad aqta' 12-il rettangolu żgħir mill-kwadru.

- Poġġi t-taħlita tal-hash fiċ-ċentru ta 'kull rettangolu u roll up bħal tgeżwir tal-ħelu.

- Aħmi f'175 °C (350 °F, issettjar tat-temperatura 4) għal 10 minuti. Servi sħun.

Pakoda tal-bajd

(snack tal-bajd moqli)

Agħti 20

Materja prima

3 bajd, imsawta

3 flieli ħobż, maqtugħin fi kwarti

125g/4½ oz ġobon cheddar, maħkuk

1 basla, imqatta' fin

3 chili ħodor, imqattgħin fin

1 tbsp weraq tal-kosbor imqatta

½ kuċċarina bżar iswed mitħun

½ tsp trab tal-bżar

Melħ għat-togħma

Żejt veġetali raffinat għall-qali

Metodu

- Ħallat l-ingredjenti kollha ħlief iż-żejt.

- Saħħan iż-żejt ġo taġen. Żid mgħaref mit-taħlita. Aqli fuq nar medju sakemm ikun kannella dehbi.

- Ixxotta fuq xugamani tal-karti. Servi sħun.

Doża tal-bajd

(Crepe bil-bajd u r-ross)

Rendimenti 12-14

Materja prima

150g/5½ oz urad dhal*

100g/3½ oz ross bil-fwar

Melħ għat-togħma

4 bajd, imsawta

Bżar iswed mitħun għat-togħma

25g/basla żgħira ta' 1oz, imqatta' fin

2 imgħaref weraq tal-kosbor imqattgħin

1 tablespoon żejt veġetali raffinat

1 tablespoon butir

Metodu

- Xarrab dhal u ross flimkien għal 4 sigħat. Melħ u itħan f'pejst oħxon. Hallih jiffermenta matul il-lejl.

- Butir u saħħan taġen ċatt. Ferrex 2 tablespoons ta 'datter fuq nett.

- Ferra 3 imgħaref tal-bajd fuq l-għaġina. Roxx bil-paprika, il-basla u l-weraq tal-kosbor. Dawwar ftit żejt mat-truf u sajjar għal 2 minuti. Aqleb bir-reqqa u sajjar għal 2 minuti oħra.

- Irrepeti mal-bqija tal-għaġina. Poġġi pum tal-butir fuq kull dosa u servi sħun ma chutney coconut

Khasta Kachori

(Tazza tal-ħwawar bil-għads moqli)

Rendimenti 12-15

Materja prima

200g/7oz besan*

300g/10oz dqiq abjad sempliċi

Melħ għat-togħma

200ml ilma

2 imgħaref żejt veġetali aktar raffinat għall-qali

Niskata asafoetida

225g/8oz mung dhal*, mxarrba għal siegħa u imsaffi

1 kuċċarina turmeric

1 tsp kosbor mitħun

4 tsp żerriegħa tal-bużbież

2-3 imsiemer tal-qronfol

1 tablespoon weraq tal-kosbor, imqatta fin

3 chili ħodor, imqattgħin fin

2.5 ċm għerq tal-ġinġer, imqatta 'b'mod fin

1 tablespoon weraq mint, imqatta fin

¼ tsp trab tal-bżar

1 kuċċarina amchoor*

Metodu

- Knead il-besan, dqiq u ftit melħ b'biżżejjed ilma f'għaġina iebsa. Imwarrab.

- Saħħan iż-żejt ġo borma. Żid asafoetida u salte għal 15-il sekonda. Żid id-dal u aqli għal 5 minuti fuq nar medju, ħawwad kontinwament.

- Żid turmeric, kosbor mitħun, żerriegħa tal-bużbież, imsiemer tal-qronfol, weraq tal-kosbor, chilli aħdar, ġinġer, weraq mint, trab tal-bżar u amchoor. Ħallat sew u sajjar għal 10-12-il minuta. Imwarrab.

- Aqsam l-għaġina fi blalen daqs lumi. Iċċattjahom u ferrex fi pjanċi żgħar b'dijametru ta' 12.5 ċm.

- Poġġi mgħarfa mit-taħlita tad-dħal fiċ-ċentru ta' kull platt. Issiġilla bħal vażun u roll out fil-puris. Imwarrab.

- Saħħan iż-żejt ġo borma. Aqli l-purisana sakemm jintefħu.

- Servi sħun ma 'chutney coconut aħdar

Dhokla ta 'legumi mħallta

(kejk tal-fażola mħallat bil-fwar)

Agħti 20

Materja prima

125g/4½ oz fażola mung sħiħa*

125g/4½ oz kaala chana*

60g/2oz Grammi Torok

50 g fażola ħadra mnixxfa

75g/2½ oz fażola urad*

2 tsp chilli aħdar

Melħ għat-togħma

Metodu

- Xarrab fażola mung, kaala chana, gramm Tork u fażola ħadra niexfa flimkien. Xarrab il-fażola urad separatament. Halli għal 6 sigħat.

- Itħan l-ingredjenti kollha mxarrba flimkien biex tagħmel pejst oħxon. Fermentazzjoni għal 6 sigħat.

- Żid il-bżar aħdar u l-melħ. Hallat sew u ferragħ ġo landa tonda tal-kejkijiet ta' 20cm u ħalliha tisfur għal 10 minuti.

- Aqta 'djamanti. Servi maċ-chutney mint

Frankie

Jagħmel 10-12

Materja prima

1 tsp chaat masala*

½ kuċċarina garam masala

½ kuċċarina kemmun mitħun

4 patata kbira, mgħollija u maxx

Melħ għat-togħma

10-12 chapatis

Żejt veġetali raffinat għal-lubrikazzjoni

2-3 chili aħdar, imqatta fin u mxarrba fil-ħall abjad

2 tbsp weraq tal-kosbor, imqatta fin

1 basla, imqatta' fin

Metodu

- Għaqqad chaat masala, garam masala, kemmun mitħun, patata u melħ. Knead sew u warrab.

- Saħħan taġen u poġġi chapatti fuqha.

- Ferrex ftit żejt fuq ix-chapatti u aqleb biex taqli naħa waħda. Irrepeti għan-naħa l-oħra.

- Ifrex saff tat-taħlita tal-patata indaqs fuq ix-chapattis sħun.

- Roxx ftit bżar aħdar, weraq tal-kosbor u basla fuqu.

- Irrombla ċ-chapatti sabiex it-taħlita tal-patata tkun ġewwa.

- Nixxef ixwi r-roll fit-taġen sakemm ikun kannella dehbi u servi sħun.

Delight bil-besan u l-ġobon

Agħti 25

Materja prima

2 bajd

250g/9oz ġobon cheddar, maħkuk

1 kuċċarina bżar iswed mitħun

1 kuċċarina mustarda mitħun

½ tsp trab tal-bżar

60 ml żejt veġetali purifikat

Għat-taħlita tal-besan:

50 g/1¾oz smid, mixwi niexef

375g/13oz besan*

200g/7oz kaboċċa mqatta'

1 kuċċarina pejst tal-ġinġer

1 kuċċarina pejst tat-tewm

Niskata trab tal-ħami

Melħ għat-togħma

Metodu

- Ħabbat bajda bil-mod. Żid ġobon Cheddar, bżar, mustarda mitħun u trab taċ-chili. Ħallat sew u warrab.

- Ħallat l-ingredjenti tat-taħlita tal-besan flimkien. Ittrasferixxi għal landa tal-kejk tonda ta' 20 ċm u ħalliha tisfur għal 20 minuta. Ladarba tiksaħ, aqta' f'25 biċċa u ferrex it-taħlita tal-bajd-ġobon fuq kull biċċa.

- Saħħan iż-żejt ġo borma. Aqli l-biċċiet fuq nar medju sakemm ikunu kannella dehbi. Servi sħun ma 'chutney coconut aħdar

Idli bżar

Għal 4 persuni

Materja prima

3 imgħaref ta 'żejt veġetali raffinat

1 tsp żerriegħa tal-mustarda

1 basla żgħira, imqatta'

½ kuċċarina garam masala

1 tablespoon ketchup

4 idlis, imqattgħin

Melħ għat-togħma

2 imgħaref weraq tal-kosbor

Metodu

- Saħħan iż-żejt ġo borma. Żid iż-żerriegħa tal-mustarda. Hallihom jibżgħu għal 15-il sekonda.

- Żid l-ingredjenti kollha li fadal, ħlief il-weraq tal-kosbor. Hallat sew.

- Sajjar fuq nar medju għal 4 sa 5 minuti, ħawwad bil-mod. Żejjen bil-weraq tal-kosbor. Servi sħun.

Canape tal-Ispinaċi

Agħti 10

Materja prima

2 imgħaref butir

10 flieli ħobż, maqtugħin fi kwarti

2 imgħaref ghee

1 basla, imqatta' fin

300g/10oz spinaċi, imqatta' fin

Melħ għat-togħma

125g/4½ oz ġobon tal-mogħoż, imsoff

4 imgħaref ġobon cheddar, maħkuk

Metodu

- Griż iż-żewġ naħat tal-biċċiet tal-ħobż u aħmi f'forn imsaħħan minn qabel 200°C (400°F, punt 6) għal 7 minuti. Imwarrab.

- Saħħan il-ghee ġo borma. Aqli l-basla sakemm tismar. Żid l-ispinaċi u l-melħ. Sajjar 5 minuti. Żid il-ġobon tal-mogħoż u ħawwad sew.

- Ifrex it-taħlita tal-ispinaċi fuq il-biċċiet tat-toast. Roxx bil-ġobon Cheddar maħkuk u aħmi f'130°C (250°F, marka tal-gass ½) sakemm il-ġobon jinħall. Servi sħun.

Paushtik Chaat

(snack bnin)

Għal 4 persuni

Materja prima

3 tsp żejt veġetali raffinat

½ tsp żerriegħa tal-kemmun

1 pulzier/2.5 ċm għerq tal-ġinġer, imfarrak

1 patata żgħira, mgħollija u mqatta

1 kuċċarina garam masala

Melħ għat-togħma

Bżar iswed mitħun għat-togħma

250g/9oz fażola mung, imsajra

300g/10oz fażola fil-laned

300g/10oz ċiċri tal-bott

10 g/¼ oz weraq tal-kosbor, imqatta'

1 kuċċarina meraq tal-lumi

Metodu

- Saħħan iż-żejt ġo borma. Żid żrieragħ tal-kemmun. Hallihom jibżgħu għal 15-il sekonda.
- Żid ġinġer, patata, garam masala, melħ u bżar. Aqli fuq nar medju għal 3 minuti. Żid fażola mung, fażola u ċiċri. Sajjar fuq nar medju għal 8 minuti.
- Żejjen bil-weraq tal-kosbor u meraq tal-lumi. Servi frisk.

roll tal-kaboċċi

Għal 4 persuni

Materja prima

1 tablespoon dqiq abjad sempliċi

3 imgħaref ilma

Melħ għat-togħma

2 imgħaref żejt veġetali aktar raffinat għall-qali

1 tsp żerriegħa tal-kemmun

100g/3½ oz ħaxix imħallat iffriżat

1 tablespoon ta 'krema likwida

2 imgħaref paneer*

tsp turmeric

1 tsp trab tal-bżar

1 tsp kosbor mitħun

1 kuċċarina kemmun mitħun

8 weraq kbar tal-kaboċċi, poġġi f'ilma sħun għal minuti 2-3 u imsaffi

Metodu

- Hallat dqiq, ilma u melħ biex tifforma għaġina ħoxna. Imwarrab.
- Saħħan iż-żejt ġo borma. Żid iż-żerriegħa tal-kemmun u splutter għal 15-il sekonda. Żid l-ingredjenti kollha li fadal, ħlief il-weraq tal-kaboċċi. Sajjar fuq sħana medja għal 2-3 minuti, ħawwad spiss.
- Poġġi mgħaref ta' din it-taħlita fiċ-ċentru ta' kull werqa tal-kaboċċa. Itwi l-weraq flimkien u ssiġilla t-truf bil-pejst tad-dqiq.
- Saħħan iż-żejt ġo taġen. Għaddas ir-rombli tal-kaboċċi fil-batter tad-dqiq u aqli. Servi sħun.

Ħobż tat-tadam

Agħti 4

Materja prima

1½ tablespoons żejt veġetali raffinat

150g/5½ oz pejst tat-tadam

3-4 weraq tal-curry

2 ċajli ħodor, imqattgħin fin

Melħ għat-togħma

2 patata kbira, mgħollija u mqatta'

6 flieli ħobż, imqattgħin

10 g/¼ oz weraq tal-kosbor, imqatta'

Metodu

- Saħħan iż-żejt ġo borma. Żid il-pejst tat-tadam, il-weraq tal-curry, il-bżar aħdar u l-melħ. Sajjar 5 minuti.
- Żid il-patata u l-ħobż. Sajjar fuq nar baxx għal 5 minuti.
- Żejjen bil-weraq tal-kosbor. Servi sħun.

Blalen tal-qamħ u tal-ġobon

Ftehim 8-10

Materja prima

200g/7oz qamħ

250g/9oz ġobon Mozzarella, imqatta'

4 patata kbira, mgħollija u maxx

2 ċajli ħodor, imqattgħin fin

2.5 ċm għerq tal-ġinġer, imqatta 'b'mod fin

1 tbsp weraq tal-kosbor imqatta

1 kuċċarina meraq tal-lumi

50 g frak tal-ħobż

Melħ għat-togħma

Żejt veġetali raffinat għall-qali

50g/1¾oz smid

Metodu

- Ħallat l-ingredjenti kollha fi skutella, ħlief iż-żejt u s-smid. Aqsam fi 8 sa 10 blalen.
- Saħħan iż-żejt ġo borma. Irrombla l-blalen mis-smid u aqli fuq nar medju sakemm ikunu dehbi. Servi sħun.

Qxur taċ-ċereali Chivda

(Snack bil-cornflakes grilled)

Jagħmel 500g/1lb 2oz

Materja prima

250g/9oz karawett

150g/5½ oz chana dhal*

100g/3½ oz żbib

125g/4½ oz anakardju

200g/7oz cornflakes

60 ml żejt veġetali purifikat

7 chili aħdar, imqatta'

25 weraq tal-curry

½ kuċċarina turmeric

2 kuċċarini zokkor

Melħ għat-togħma

Metodu

- Karawett inkaljat niexef, chana dhal, żbib, anakardju u corn flakes sakemm iqarmeċ. Imwarrab.
- Saħħan iż-żejt ġo borma. Żid chillies aħdar, weraq tal-curry u turmeric. Aqli fuq nar medju għal minuta.
- Żid iz-zokkor, il-melħ u l-ingredjenti kollha mixwija. Fry għal 2-3 minuti.
- Friġġ u aħżen f'kontenitur mitbuq sa 8 ijiem.

roll tal-ġewż

Jagħti 20-25

Materja prima

140g/5oz dqiq abjad semplići

240 ml/8 fl oz ħalib

1 tablespoon butir

Melħ għat-togħma

Bżar iswed mitħun għat-togħma

½ tbsp weraq tal-kosbor, imqatta' fin

3-4 imgħaref ġobon cheddar, maħkuk

¼ tsp noċemuskata maħkuka

125g/4½ oz anakardju, mitħun oħxon

125g/4½ oz karawett, mitħun oħxon

50 g frak tal-ħobż

Żejt veġetali raffinat għall-qali

Metodu

- Ħallat 85 g dqiq mal-ħalib ġo kazzola. Żid il-butir u sajjar it-taħlita, ħawwad kontinwament, fuq nar baxx sakemm jeħxien.
- Melħ u bżar. Ħalli t-taħlita tiksaħ għal 20 minuta.
- Żid weraq tal-kosbor, cheddar, noċemuskata, anakardju u ġewż. Ħallat sew. Imwarrab.
- Roxx nofs il-frak tal-ħobż fuq folja tal-ħami.
- Poġġi kuċċarini tat-taħlita tad-dqiq fuq il-frak tal-ħobż u agħmel pasti. Imwarrab.
- Ħallat il-bqija tad-dqiq ma' biżżejjed ilma biex tagħmel għaġina fina. Għaddas ir-rombli fl-għaġina u erġa irromblahom fil-frak tal-ħobż.
- Saħħan iż-żejt ġo borma. Aqli r-rollijiet fuq nar medju sakemm ikunu kannella ċar.
- Servi sħun ma 'ketchup jew chutney coconut aħdar

Rombli tal-kaboċċi bil-kustilji

Agħti 12

Materja prima

1 tablespoon żejt veġetali raffinat flimkien ma 'ftit aktar għall-qali

2 basal, imqatta 'b'mod fin

2 tadam, imqatta 'b'mod fin

½ tbsp pejst tal-ġinġer

½ tbsp pejst tat-tewm

2 chili aħdar, imqatta'

½ kuċċarina turmeric

½ tsp trab tal-bżar

kuċċarina bżar iswed mitħun

500g/1lb 2oz tiġieġ, imqatta

200g/7oz piżelli ffriżati

2 patata żgħira, maqtugħa f'biċċiet

1 zunnarija kbira, imqatta'

Melħ għat-togħma

25 g/weraq żgħir tal-kosbor, imqatta' fin

12-il weraq kbir tal-kaboċċi, steamed

2 bajd imsawwat

100 g frak tal-ħobż

Metodu

- Saħħan 1 tablespoon żejt ġo kazzola. Aqli l-basla sakemm issir trasluċida.
- Żid it-tadam, il-pejst tal-ġinġer, il-pejst tat-tewm, il-bżar aħdar, it-turmeric, it-trab tal-bżar u l-bżar. Hallat sew u sajjar għal 2 minuti fuq sħana medja.
- Żid tiġieġ mitħun, piżelli, patata, karrotti, melħ u weraq tal-kosbor. Hawwad għal 20-30 minuta, ħawwad kultant. Friġġ it-taħlita għal 20 minuta.
- Poġġi mgħaref mit-taħlita tal-kapuljat ġo werqa tal-kaboċċa u irromblaha. Irrepeti għall-folji li fadal. Żgura r-rollijiet b'toothpick.
- Saħħan iż-żejt ġo borma. Għaddas ir-rombli fil-bajd, għatti bil-frak tal-ħobż u aqli sakemm ikun kannella dehbi.
- Ixxotta u servi sħun.

Pav Bhaji

(Ħxejjex pikkanti bil-ħobż)

Għal 4 persuni

Materja prima

2 patata kbira, mgħollija

200g/7oz ħaxix imħallat iffriżat (bżar aħdar, karrotti, pastard u piżelli)

2 imgħaref butir

1½ tsp pejst tat-tewm

2 basal kbar, maħkuk

4 tadam kbir, imqatta

250 ml/8 fl oz ilma

2 tsp pav bhaji masala*

1½ tsp trab taċ-chilli

tsp turmeric

Meraq ta '1 lumi

Melħ għat-togħma

1 tbsp weraq tal-kosbor imqatta

Butir għall-qali

4 hamburger buns, imqatta' bin-nofs

1 basla kbira, imqatta' fin

Flieli żgħar tal-lumi

Metodu

- Agħfas sew il-ħaxix. Imwarrab.
- Saħħan il-butir ġo kazzola. Żid il-pejst tat-tewm u l-basla u aqli sakemm il-basla tkun kannella. Żid it-tadam u aqli, ħawwad kultant, fuq sħana medja għal 10 minuti.
- Żid il-purejiet tal-ħaxix, l-ilma, il-pav bhaji masala, it-trab taċ-chili, it-turmeric, il-meraq tal-lumi u l-melħ. Ttektek sakemm iż-zalza teħxen. Maxx u sajjar għal 3-4 minuti, ħawwad kontinwament. Roxx il-weraq tal-kosbor u ħawwad sew. Imwarrab.
- Saħħan taġen ċatt. Ferrex ftit butir fuqha u ixwi l-patties tal-hamburger sakemm isiru iqarmeċ fuq iż-żewġ naħat.
- Servi t-taħlita tal-ħaxix sħuna mat-tazzi, bil-basla u l-flieli tal-lumi fuq il-ġenb.

Cutlets tas-sojja

Agħti 10

Materja prima

300g/10oz mung dhal*, xarrab għal 4 sigħat

Melħ għat-togħma

400g/14oz fażola tas-sojja, mxarrba f'ilma sħun għal 15-il minuta

1 basla kbira, imqatta' fin

2-3 chili aħdar, imqatta fin

1 kuċċarina amchoor*

1 kuċċarina garam masala

2 imgħaref weraq tal-kosbor imqattgħin

Ħobż 150g/5½ oz* jew tofu, imqatta

Żejt veġetali raffinat għall-qali

Metodu

- Tbattalx il-fossa. Hawwru bil-melħ u ħalliha ttektek f'kazzola fuq nar medju għal 40 minuta. Imwarrab.
- Ixxotta l-fażola tas-sojja. Hallat mad-dhal u itħan f'pejst oħxon.
- Hallat din l-għaġina mal-bqija tal-ingredjenti kollha, ħlief iż-żejt, fi kazzola li ma twaħħalx. Sajjar fuq nar baxx sakemm jinxef.

- Aqsam it-taħlita fi blalen daqs lumi u ssawwar fi cutlets.
- Saħħan iż-żejt ġo borma. Aqli ċ-chops sakemm ikunu kannella dehbi.
- Servi sħun maċ-chutney mint

qamħ bhel

(Snack tal-Qamħirrum Pikkanti)

Għal 4 persuni

Materja prima

200g/7oz qlub tal-qamħirrum imsajjar

100g basla tar-rebbiegħa, imqatta' fin

1 patata, mgħollija, imqaxxra u mqattgħin fin

1 tadam, imqatta' fin

1 ħjar, imqatta 'b'mod fin

10 g/¼ oz weraq tal-kosbor, imqatta'

1 tsp chaat masala*

2 kuċċarini meraq tal-lumi

1 tablespoon chutney mint

Melħ għat-togħma

Metodu

- Ħallat l-ingredjenti kollha fi skutella biex tħallat sew.
- Servi immedjatament.

Methi Gota

(għaġina moqlija tal-fenugreek)

Agħti 20

Materja prima

500g/1lb 2oz besan*

45g/1½ oz sħaħ

Jogurt 125g/4½ oz

4 imgħaref żejt veġetali raffinat flimkien ma 'ftit aktar għall-qali

2 kuċċarini baking soda

50 g weraq fenugreek frisk, imqatta 'b'mod fin

50 g weraq tal-kosbor imqatta' fin

1 banana misjura, imqaxxra u maxx

1 tbsp żerriegħa tal-kosbor

10-15 bżar iswed

2 bżar aħdar

½ tsp pejst tal-ġinġer

½ kuċċarina garam masala

Niskata asafoetida

1 tsp trab tal-bżar

Melħ għat-togħma

Metodu

- Hallat besan, dqiq u jogurt.
- Żid 2 imgħaref żejt u baking soda. Hallih jiffermenta għal 2-3 sigħat.
- Żid kull ħaġa oħra ħlief iż-żejt. Hallat sew biex tifforma pejst oħxon.
- Saħħan 2 imgħaref żejt u żid mal-għaġina. Hallat sew u warrab għal 5 minuti.
- Saħħan iż-żejt li jifdal ġo kazzola. Poġġi mgħaref żgħar tal-għaġina fiż-żejt u aqli sakemm ikun kannella dehbi.
- Ixxotta fuq xugamani tal-karti. Servi sħun.

Idli

(kejk tar-ross bil-fwar)

Għal 4 persuni

Materja prima

500g/1lb 2oz ross, mxarrba matul il-lejl

300g/10oz urad dhal*, xarrab il-lejl kollu

1 tablespoon melħ

Niskata baking soda

Żejt veġetali raffinat għal-lubrikazzjoni

Metodu

- Ixxotta r-ross u dhal u itħan flimkien.
- Żid il-melħ u l-baking soda. Ħallih jiffermenta għal 8 sa 9 sigħat.
- Fond tal-kejk tal-buttercup. Ferra t-taħlita tar-ross-dal fiha ħalli kull waħda tkun nofsha mimlija. Fwar għal 10-12-il minuta.
- Neħħi l-idlis. Servi sħun maċ-chutney tal-ġewż

Idli Aktar

(kejk tar-ross bil-fwar bil-ħwawar)

Għal 6 persuni

Materja prima

   500g/1lb 2oz ross, mxarrba matul il-lejl

   300g/10oz urad dhal*, xarrab il-lejl kollu

   1 tablespoon melħ

   tsp turmeric

   1 tablespoon ta 'zokkor trab

   Melħ għat-togħma

   1 tablespoon żejt veġetali raffinat

   ½ tsp żerriegħa tal-kemmun

   ½ tsp żerriegħa tal-mustarda

Metodu

- Ixxotta r-ross u dhal u ithan flimkien.
- Żid il-melħ u ħallih jiffermenta għal 8 sa 9 sigħat.
- Żid turmeric, zokkor u melħ. Hallat sew u warrab.
- Saħħan iż-żejt ġo borma. Żid kemmun u żerriegħa tal-mustarda. Hallihom jibżgħu għal 15-il sekonda.
- Żid it-taħlita tar-ross-dal. Għatti b'għatu u ħalliha ttektek għal 10 minuti.
- Ikxef u aqleb it-taħlita. Erġa' għatti u ħalliha ttektek għal 5 minuti.
- Pierce idli bil-furketta. Jekk il-furketta toħroġ nadifa, l-idli lest.
- Aqta' f'biċċiet u servi sħun maċ-chutney tal-ġewż

Arzoffli Masala

Agħti 6

Materja prima

2 tsp żejt veġetali purifikat

1 basla żgħira, imqatta' fin

tsp turmeric

1 tadam kbir, imqatta' fin

1 patata kbira, mgħollija u maxx

1 tbsp fażola msajra

1 tsp chaat masala*

Melħ għat-togħma

10 g/¼ oz weraq tal-kosbor, imqatta'

50g/1 oz ta' butir

12-il qatgħa tal-ħobż

Metodu

- Saħħan iż-żejt ġo borma. Żid il-basla u aqli sakemm tkun trasluċidi.
- Żid turmeric u tadam. Aqli fuq sħana medja għal 2-3 minuti.
- Żid patata, piżelli, chaat masala, melħ u weraq tal-kosbor. Ħallat sew u sajjar għal minuta fuq nar baxx. Imwarrab.
- Butir il-flieli tal-ħobż. Poġġi saff ta 'taħlita ta' ħxejjex fuq sitt slices. Poġġi l-bqija tal-flieli fuq nett u grill għal 10 minuti. Dawwar u erġa' grill għal 5 minuti. Servi sħun.

kebabs mint

Agħti 8

Materja prima

10 g/¼ oz weraq mint, imqatta' fin

500g/1lb 2oz ġobon tal-mogħoż, imsaffi

2 kuċċarini lamtu tal-qamħirrum

10 anakardju, imqatta bejn wieħed u ieħor

½ kuċċarina bżar iswed mitħun

1 kuċċarina amchoor*

Melħ għat-togħma

Żejt veġetali raffinat għall-qali

Metodu

- Hallat l-ingredjenti kollha ħlief iż-żejt. Knead f'għaġina ratba iżda soda. Aqsam fi 8 blalen daqs lumi u ċatt.
- Saħħan iż-żejt ġo borma. Aqli l-iskewers fuq nar medju sakemm ikunu kannella dehbi.
- Servi sħun maċ-chutney mint

Veġetali Sevia Upma

(Duq il-vermiċelli tal-ħaxix)

Għal 4 persuni

Materja prima

5 imgħaref ta 'żejt veġetali raffinat

1 bżar aħdar kbir, imqatta 'b'mod fin

tsp żerriegħa tal-mustarda

2 chili ħodor, maqtugħa tul

200g/7oz vermiċelli

8 weraq tal-curry

Melħ għat-togħma

Niskata asafoetida

50g/1¾oz fażola ħadra, imqatta' fin

1 zunnarija, imqatta 'b'mod fin

50g/1¾oz piżelli ffriżati

1 basla kbira, imqatta' fin

25 g/weraq żgħir tal-kosbor, imqatta' fin

Meraq ta' lumi waħda (mhux obbligatorju)

Metodu

- Saħħan 2 imgħaref żejt ġo kazzola. Aqli l-bżar aħdar għal 2-3 minuti. Imwarrab.
- Saħħan 2 imgħaref żejt f'taġen ieħor. Żid iż-żerriegħa tal-mustarda. Ħallihom jibżgħu għal 15-il sekonda.
- Żid il-bżar aħdar u l-vermiċelli. Aqli għal 1 sa 2 minuti fuq nar medju, waqt li ħawwad kultant. Żid weraq tal-curry, melħ u asafoetida.
- Roxx ftit ilma u żid bżar aħdar moqli, fażola ħadra, karrotti, fażola u basal. Ħallat sew u sajjar għal 3-4 minuti fuq sħana medja.
- Għatti u sajjar għal minuta oħra.
- Roxx bil-weraq tal-kosbor u l-meraq tal-lumi. Servi sħun maċ-chutney tal-ġewż

Bhel

(snekk tar-ross)

Għal 4-6 persuni

Materja prima

2 patata kbira, mgħollija u mqatta' dadi

2 basal kbar, imqattgħin fin

125g/4½ oz karawett inkaljat

2 imgħaref kemmun mitħun, inkaljat niexef

300g/10oz Bhel taħlita

250g/9oz chutney tal-mango ħelu sħun

60 g chutney mint

Melħ għat-togħma

25 g/min weraq tal-kosbor, imqatta

Metodu

- Hallat il-patata, il-basal, il-ġewż u l-kemmun mitħun mal-Bhel Mix. Żid iċ-ċatney u l-melħ. Hawwad biex tgħaqqad.
- Żejjen bil-weraq tal-kosbor. Servi immedjatament.

Sabudana Khichdi

(Snack sagu bil-patata u l-ġewż)

Għal 6 persuni

Materja prima

300g/10oz sagu

250 ml/8 fl oz ilma

250g/9oz karawett, mitħun oħxon

Melħ għat-togħma

2 kuċċarini trab taz-zokkor

25 g/min weraq tal-kosbor, imqatta

2 imgħaref ta 'żejt veġetali raffinat

1 tsp żerriegħa tal-kemmun

5-6 chili aħdar, imqatta 'b'mod fin

100g/3½ oz patata, imsajra u mqatta'

Metodu

- Xarrab is-sagu matul il-lejl fl-ilma. Żid karawett, melħ, zokkor silġ u weraq tal-kosbor u ħawwad sew. Imwarrab.
- Saħħan iż-żejt ġo borma. Żid żrieragħ tal-kemmun u chillies aħdar. Fry għal madwar 30 sekonda.
- Żid il-patata u aqli għal 1 sa 2 minuti fuq sħana medja.
- Żid it-taħlita tas-sagu. Hawwad u ħawwad sew.
- Għatti b'għatu u ħallih jagħli fuq nar baxx għal 2-3 minuti. Servi sħun.

wieħed dhokla

(kejk semplići bil-fwar)

Agħti 25

Materja prima

250g/9oz chana dhal*, mxarrba matul il-lejl u imsaffi

2 bżar aħdar

1 kuċċarina pejst tal-ġinġer

Niskata asafoetida

½ tsp baking soda

Melħ għat-togħma

2 imgħaref ta 'żejt veġetali raffinat

½ tsp żerriegħa tal-mustarda

4-5 weraq tal-curry

4 imgħaref coconut frisk, imqatta

10 g/¼ oz weraq tal-kosbor, imqatta'

Metodu

- Itħan id-dhal f'pejst oħxon. Ħallih jiffermenta għal 6 sa 8 sigħat.
- Żid chillies aħdar, pejst tal-ġinġer, asafoetida, baking soda, melħ, 1 tbsp żejt u ftit ilma. Ħallat sew.
- Griż moffa tonda ta' 20 cm u imla bl-għaġina.
- Fwar għal 10-12-il minuta. Imwarrab.
- Saħħan iż-żejt li jifdal ġo kazzola. Żid żerriegħa tal-mustarda u weraq tal-curry. Ħallihom jibżgħu għal 15-il sekonda.
- Ferrah fuq id-dhoklas. Żejjen bil-weraq tal-ġewż u l-kosbor. Aqta' f'biċċiet u servi sħun.

Jaldi patata

Għal 4 persuni

Materja prima

2 tsp żejt veġetali purifikat

1 tsp żerriegħa tal-kemmun

1 chilli aħdar, imqatta'

½ tsp melħ iswed

1 kuċċarina amchoor*

1 tsp kosbor mitħun

4 patata kbira, mgħollija u mqatta' dadi

2 imgħaref weraq tal-kosbor imqattgħin

Metodu

- Saħħan iż-żejt ġo borma. Żid iż-żerriegħa tal-kemmun u splutter għal 15-il sekonda.
- Żid l-ingredjenti kollha li fadal. Ħallat sew. Sajjar fuq nar baxx għal 3-4 minuti. Servi sħun.

Oranġjo Dhokla

(kejk bil-fwar oranġjo)

Agħti 25

Materja prima

50g/1¾oz smid

250g/9oz besan*

8 fl oz/250 ml krema qarsa

Melħ għat-togħma

100ml/3½ fl oz ilma

4 sinniet tat-tewm

1 ċm għerq tal-ġinġer

3-4 bżar aħdar

100 g karrotti maħkuk

tsp baking soda

tsp turmeric

Żejt veġetali raffinat għal-lubrikazzjoni

1 tsp żerriegħa tal-mustarda

10-12 weraq tal-curry

50 g coconut maħkuk

25 g/weraq żgħir tal-kosbor, imqatta' fin

Metodu

- Ħallat smid, besan, krema qarsa, melħ u ilma. Ħallih jiffermenta matul il-lejl.
- Għaffeġ it-tewm, il-ġinġer u l-paprika flimkien.
- Żid mal-għaġina iffermentata flimkien mal-karrotta, il-baking soda u t-turmeric. Ħallat sew.
- Idlek landa tal-kejkijiet tonda ta' 20 cm bi ftit żejt. Ferra l-batter fiha. Fwar għal madwar 20 minuta. Kessaħ u aqta' f'biċċiet.
- Saħħan ftit żejt ġo borma. Żid żerriegħa tal-mustarda u weraq tal-curry. Aqlihom għal 30 sekonda. Ferragħha fuq il-biċċiet tad-dhokla.
- Żejjen bil-weraq tal-ġewż u l-kosbor. Servi sħun.

Chou Muthia

(Bċejjeċ tal-kaboċċi bil-fwar)

Għal 4 persuni

Materja prima

250g/9oz dqiq tal-qamħ sħiħ

100g/3½ oz kaboċċa mqatta'

½ tsp pejst tal-ġinġer

½ tsp pejst tat-tewm

Melħ għat-togħma

2 kuċċarini zokkor

1 tablespoon meraq tal-lumi

2 imgħaref ta 'żejt veġetali raffinat

1 tsp żerriegħa tal-mustarda

1 tbsp weraq tal-kosbor imqatta

Metodu

- Ħallat dqiq, kaboċċi, pejst tal-ġinġer, pejst tat-tewm, melħ, zokkor, meraq tal-lumi u żejt tbsp 1. Knead f'għaġina ratba.
- Agħmel 2 rollijiet twal bl-għaġina. Fwar għal 15-il minuta. Kessaħ u aqta' fi flieli. Imwarrab.
- Saħħan iż-żejt li jifdal ġo kazzola. Żid iż-żerriegħa tal-mustarda. Ħallihom jibżgħu għal 15-il sekonda.
- Żid rombli mqattgħin u aqli fuq sħana medja sakemm tismar. Żejjen bil-weraq tal-kosbor u servi sħun.

Rava Dhokla

(kejk tas-smid bil-fwar)

Magħmul 15-18

Materja prima

200g/7oz smid

8 fl oz/240 ml krema qarsa

2 tsp chilli aħdar

Melħ għat-togħma

1 tsp trab tal-bżar aħmar

1 kuċċarina bżar iswed mitħun

Metodu

- Hallat is-smid u l-krema qarsa flimkien. Fermentazzjoni għal 5-6 sigħat.
- Żid il-bżar aħdar u l-melħ. Hallat sew.
- Poġġi t-taħlita tas-smid f'kejk tond ta' 20 cm. Roxx bi trab taċ-chili u bżar. Fwar għal 10 minuti.
- Aqta' f'biċċiet u servi sħun maċ-chutney mint

Chapatti Upma

(Quick Chapatti Snack)

Għal 4 persuni

Materja prima

6 chapattis fdal, imkissra f'biċċiet żgħar

2 imgħaref ta 'żejt veġetali raffinat

tsp żerriegħa tal-mustarda

10-12 weraq tal-curry

1 basla medja, imqatta

2-3 chili aħdar, imqatta fin

tsp turmeric

Meraq ta '1 lumi

1 kuċċarina zokkor

Melħ għat-togħma

10 g/¼ oz weraq tal-kosbor, imqatta'

Metodu

- Saħħan iż-żejt ġo borma. Żid iż-żerriegħa tal-mustarda. Hallihom jibżgħu għal 15-il sekonda.
- Żid weraq tal-curry, basla, chilli u turmeric. Aqli fuq nar medju sakemm il-basla ssir kannella ċar. Żid chapattis.
- Roxx bil-meraq tal-lumi, iz-zokkor u l-melħ. Hallat sew u sajjar fuq nar medju għal 5 minuti. Żejjen bil-weraq tal-kosbor u servi sħun.

Mung Dhokla

(kejk mung bil-fwar)

Jagħmel madwar 20

Materja prima

250g/9oz mung dhal*, xarrab għal sagħtejn

150ml krema qarsa

2 imgħaref ilma

Melħ għat-togħma

2 karrotti maħkuk jew 25g/kaboċċa mqatta' żgħira 1oz

Metodu

- Ixxotta d-dhal u itħan.
- Żid il-krema qarsa u l-ilma u ħallih jiffermenta għal 6 sigħat. Żid il-melħ u ħawwad sew biex tagħmel pejst.
- Idlek landa tal-kejkijiet tonda ta' 20 cm u ferra l-batter fiha. Roxx bil-karrotti jew kaboċċi. Fwar għal 7-10 minuti.
- Aqta' f'biċċiet u servi maċ-chutney mint

Mughlai Laħam Cutlet

(Katlet tal-laħam għani)

Agħti 12

Materja prima

1 kuċċarina pejst tal-ġinġer

1 kuċċarina pejst tat-tewm

Melħ għat-togħma

500g/1lb 2oz ħaruf bla għadam, ikkapuljat

240 ml/8 fl oz ilma

1 tablespoon kemmun mitħun

tsp turmeric

Żejt veġetali raffinat għall-qali

2 bajd, imsawta

50 g frak tal-ħobż

Metodu

- Hallat pejst tal-ġinġer, pejst tat-tewm u melħ. Immarina l-ħaruf b'din it-taħlita għal sagħtejn.
- F'borma, sajjar il-ħaruf bl-ilma fuq nar medju sakemm ikun sar. Irriżerva l-istokk u rriżerva l-ħaruf.
- Żid il-kemmun u t-turmeric mal-brodu. Hallat sew.
- Ittrasferixxi l-brodu ġo borma u ħalliha ttektek sakemm l-ilma jevapora. Erġa' immarina l-ħaruf b'din it-taħlita għal 30 minuta.
- Saħħan iż-żejt ġo borma. Għaddas kull biċċa ħaruf fil-bajda msawwta, irrombla fil-frak tal-ħobż u aqli sa kannella ċar. Servi sħun.

Masala Vada

(għaġina moqlija pikkanti)

Agħti 15

Materja prima

300g/10oz chana dhal*, xarrab f'500ml ilma għal 3-4 sigħat

50g/1¾oz basla, imqatta' fin

25 g/min weraq tal-kosbor, imqatta

25 g/weraq żgħir tax-xibt, imqatta 'b'mod fin

½ tsp żerriegħa tal-kemmun

Melħ għat-togħma

3 imgħaref żejt veġetali raffinat flimkien ma 'ftit aktar għall-qali

Metodu

- Bejn wieħed u ieħor itħan id-dhal. Hallat bl-ingredjenti kollha, ħlief iż-żejt.
- Żid 3 imgħaref żejt mat-taħlita dhal. Agħmel kejkijiet tondi u ċatti.
- Saħħan iż-żejt li jifdal ġo taġen. Aqli l-kejkijiet. Servi sħun.

Kaboċċa Shivda

(Kaboċċa snack u ross)

Għal 4 persuni

Materja prima

100g/3½ oz kaboċċa, imqatta' fin

Melħ għat-togħma

3 imgħaref ta 'żejt veġetali raffinat

125g/4½ oz karawett

150g/5½ oz chana dhal*, moqli

1 tsp żerriegħa tal-mustarda

Niskata asafoetida

200g/7oz poha*, xarrab fl-ilma

1 kuċċarina pejst tal-ġinġer

4 kuċċarini zokkor

1½ tbsp meraq tal-lumi

25 g/min weraq tal-kosbor, imqatta

Metodu

- Hallat il-kaboċċi mal-melħ u ħalli għal 10 minuti.
- Saħħan 1 tablespoon żejt ġo taġen. Fry karawett u chana dhal għal 2 minuti fuq sħana medja. Ixxotta u aħżen.
- Saħħan iż-żejt li jifdal ġo taġen. Aqli ż-żerriegħa tal-mustarda, l-asafoetida u l-kaboċċi għal 2 minuti. Roxx ftit ilma, għatti b'għatu u sajjar fuq nar baxx għal 5 minuti. Żid poha, pejst tal-ġinġer, zokkor, meraq tal-lumi u melħ. Hallat sew u sajjar għal 10 minuti.
- Żejjen bil-weraq tal-kosbor, karawett inkaljat u dhal. Servi sħun.

Ħobż Besan Bhajji

(Snack tad-dqiq tal-Ħobż u Gram)

Jagħti 32

Materja prima

175g/6oz besan*

1250 ml/5 fl oz ilma

½ tsp żerriegħa ajwain

Melħ għat-togħma

Żejt veġetali raffinat għall-qali

8 flieli ħobż, maqtugħin bin-nofs

Metodu

- Agħmel pasta ħoxna billi tħallat il-besan mal-ilma. Żid żerriegħa ajwain u melħ. Habbat sew.
- Saħħan iż-żejt ġo taġen. Għaddas il-biċċiet tal-ħobż fil-batter u aqli sa kannella dehbi. Servi sħun.

Methi Seekh Kebab

(Lanez taz-zekka bil-weraq tal-fenugreek)

Ftehim 8-10

Materja prima

100g/3½ oz weraq fenugreek, imqatta

3 patata kbira, mgħollija u maxx

1 kuċċarina pejst tal-ġinġer

1 kuċċarina pejst tat-tewm

4 chili aħdar, imqatta' fin

1 kuċċarina kemmun mitħun

1 tsp kosbor mitħun

½ kuċċarina garam masala

Melħ għat-togħma

2 imgħaref frak tal-ħobż

Żejt veġetali raffinat għat-tfarfir

Metodu

- Hallat l-ingredjenti kollha ħlief iż-żejt. Forma fi tazzi tal-ħami.
- Poġġi fil-forn u sajjar fuq grill tal-faħam, ferrex biż-żejt u dawwar kultant. Servi sħun.

Jhinga Hariyali

(gambli aħdar)

Agħti 20

Materja prima

Melħ għat-togħma

Meraq ta '1 lumi

20 gambli, imqaxxra u mqaxxra (żomm il-gambli fuq)

75 g weraq mint imqattgħin fin

75g/2½ oz weraq tal-kosbor, imqatta'

1 kuċċarina pejst tal-ġinġer

1 kuċċarina pejst tat-tewm

Niskata garam masala

1 tablespoon żejt veġetali raffinat

1 basla żgħira, imqatta'

Metodu

- Ogħrok il-melħ u l-meraq tal-lumi fuq il-gambli. Imwarrab għal 20 minuta.
- Għaffeġ flimkien 50g weraq mint, 50g weraq tal-kosbor, pejst tal-ġinġer, pejst tat-tewm u garam masala.
- Żid il-gambli u ħallih joqgħod għal 30 minuta. Roxx iż-żejt fuq nett.
- Iffiltra l-gambli u sajjar fuq grill tal-faħam, iddawwar kultant.
- Żejjen bil-bqija tal-kosbor u l-weraq mint, u l-basla mqatta'. Servi sħun.

Methi Adai

(pancake tal-fenugreek)

Magħmul 20-22

Materja prima

100g/3½ oz ross

100g/3½ oz urad dhal*

100g/3½ oz mung dhal*

100g/3½ oz chana dhal*

100g/3½ oz masoor dhal*

Niskata asafoetida

6-7 weraq tal-curry

Melħ għat-togħma

50 g weraq fenugreek frisk, imqatta '

Żejt veġetali raffinat għal-lubrikazzjoni

Metodu

- Xarrab ir-ross u dhals flimkien għal 3-4 sigħat.
- Ixxotta r-ross u dħal u żid asafoetida, weraq tal-curry u melħ. Itħan oħxon u ħalli jiffermenta għal 7 sigħat. Żid il-weraq tal-fenugreek.
- Griż taġen u saħħnu. Żid tablespoon mit-taħlita iffermentata u ferrex biex tifforma pancake. Drixx ftit żejt mat-truf u sajjar fuq nar medju għal 3-4 minuti. Aqleb u sajjar għal 2 minuti oħra.
- Irrepeti mal-bqija tal-għaġina. Servi sħun maċ-chutney tal-ġewż

Chaat tal-piżelli

Għal 4 persuni

Materja prima

2 tsp żejt veġetali purifikat

½ tsp żerriegħa tal-kemmun

300g/10oz fażola ħadra fil-laned

½ kuċċarina amchoor*

tsp turmeric

kuċċarina garam masala

1 kuċċarina meraq tal-lumi

5 ċm għerq tal-ġinġer, imqaxxar u mqatta'

Metodu

- Saħħan iż-żejt ġo borma. Żid iż-żerriegħa tal-kemmun u splutter għal 15-il sekonda. Żid fażola, amchoor, turmeric u garam masala. Ħallat sew u sajjar għal 2-3 minuti, ħawwad kultant.
- Żejjen bil-meraq tal-lumi u l-ġinġer. Servi sħun.

Shingada

(Savory Bengali)

Ftehim 8-10

Materja prima

2 imgħaref żejt veġetali purifikat flimkien ma 'ftit aktar għall-qali

1 tsp żerriegħa tal-kemmun

200g/7oz fażola msajra

2 patata, mgħollija u mqatta

1 tsp kosbor mitħun

Melħ għat-togħma

Għall-għaġina:

350g/12oz dqiq abjad sempliċi

kuċċarina melħ

Ftit ilma

Metodu

- Saħħan 2 imgħaref żejt ġo kazzola. Żid żrieragħ tal-kemmun. Hallihom jibżgħu għal 15-il sekonda. Żid fażola, patata, kosbor mitħun u melħ. Hallat sew u sajjar fuq nar medju għal 5 minuti. Imwarrab.
- Agħmel koni tal-għaġina mal-għaġina, bħal fir-riċetta tal-Patata Samosa. Imla l-koni bit-taħlita tal-ħaxix u agħlaqhom.
- Saħħan iż-żejt li jifdal ġo taġen. Aqli l-koni fuq nar medju sakemm ikunu kannella dehbi. Servi sħun maċ-chutney mint

Basla Bhajia

(ċrieki tal-basal)

Agħti 20

Materja prima

250g/9oz besan*

4 basal kbir, imqatta' rqiq

Melħ għat-togħma

½ kuċċarina turmeric

5 fl oz/150ml ilma

Żejt veġetali raffinat għall-qali

Metodu

- Ħallat besan, basla, melħ u turmeric. Żid l-ilma u ħawwad sew.
- Saħħan iż-żejt ġo taġen. Żid mgħaref mit-taħlita u aqli sa kannella dehbi. Ixxotta fuq srievet tal-karti u servi sħun.

Bagani Murgh

(Tiġieġ bil-purè tal-ġewż tal-anakardju)

Agħti 12

Materja prima

500g/1lb 2oz tiġieġ bla għadam, imqatta' f'kudi

1 basla żgħira, imqatta'

1 tadam, imqatta'

1 ħjar, imqatta'

1 kuċċarina pejst tal-ġinġer

1 kuċċarina pejst tat-tewm

2 ċajli ħodor, imqattgħin fin

10g/¼oz weraq mint, mitħun

10g/¼oz weraq tal-kosbor, mitħun

Melħ għat-togħma

Għall-pickles:

6-7 anakardju, mitħun f'pejst

2 imgħaref ta 'krema likwida

Metodu

- Hallat l-ingredjenti għall-immarinar flimkien. Immarina t-tiġieġ b'din it-taħlita għal 4 sa 5 sigħat.
- Aqli u sajjar fuq grill tal-faħam, iddawwar kultant.
- Żejjen bil-basal, it-tadam u l-ħjar. Servi sħun.

Ticker tal-patata

(pancakes tal-patata)

Agħti 12

Materja prima

4 patata kbira, mgħollija u maxx

1 kuċċarina pejst tal-ġinġer

1 kuċċarina pejst tat-tewm

Meraq ta '1 lumi

1 basla kbira, imqatta' fin

25 g/min weraq tal-kosbor, imqatta

¼ tsp trab tal-bżar

Melħ għat-togħma

2 imgħaref dqiq tar-ross

3 imgħaref ta 'żejt veġetali raffinat

Metodu

- Hallat il-patata ma 'pejst tal-ġinġer, pejst tat-tewm, meraq tal-lumi, basla, weraq tal-kosbor, trab taċ-chili u melħ. Knead sew. Forma fi tazzi tal-ħami.
- Roxx il-kejkijiet bid-dqiq tar-ross.
- Saħħan iż-żejt ġo taġen. Aqli l-kejkijiet fuq nar medju sakemm ikunu kannella dehbi. Ixxotta u servi sħun biċ-chutney mint.

Batata Vada

(pasti tal-patata moqlija)

Rendimenti 12-14

Materja prima

1 tsp żejt veġetali raffinat flimkien ma 'ftit aktar għall-qali

½ tsp żerriegħa tal-mustarda

½ kuċċarina urad dhal*

½ kuċċarina turmeric

5 patata, mgħollija u maxx

Melħ għat-togħma

Meraq ta '1 lumi

250g/9oz besan*

Niskata asafoetida

120ml ilma

Metodu

- Saħħan 1 kuċċarina żejt ġo taġen. Żid żerriegħa tal-mustarda, urad dhal u turmeric. Hallihom jibżgħu għal 15-il sekonda.
- Ferragħha fuq il-patata. Żid ukoll il-melħ u l-meraq tal-lumi. Hallat sew.
- Aqsam it-taħlita tal-patata fi blalen daqs ġewż. Imwarrab.
- Hallat il-besan, l-asafoetida, il-melħ u l-ilma biex tagħmel il-pejst.
- Saħħan iż-żejt li jifdal ġo taġen. Għaddas il-blalen tal-patata fil-batter u aqli sakemm dehbi. Ixxotta u servi maċ-chutney mint.

Brochette żgħira tat-tiġieġ

Agħti 8

Materja prima

350g/12oz tiġieġ, imqatta

125g/4½ oz besan*

1 basla kbira, imqatta' fin

½ tsp pejst tal-ġinġer

½ tsp pejst tat-tewm

1 kuċċarina meraq tal-lumi

¼ tsp trab tal-kardamomu aħdar

1 tbsp weraq tal-kosbor imqatta

Melħ għat-togħma

1 tablespoon żerriegħa tal-ġulġlien

Metodu

- Ħallat l-ingredjenti kollha ħlief iż-żerriegħa tal-ġulġlien.
- Aqsam it-taħlita fi blalen żgħar u ferrex biż-żerriegħa tal-ġulġlien.
- Aħmi f'190°C (375°F, gas 5) għal 25 minuta. Servi sħun maċ-chutney mint.

Għads

Agħti 12

Materja prima

2 imgħaref żejt veġetali purifikat flimkien ma 'ftit aktar għall-qali bażiku

2 basal żgħar, imqattgħin fin

2 karrotti, imqattgħin fin

600g/1lb 5oz masoor dhal*

500ml/16 fl oz ilma

2 imgħaref kosbor mitħun

Melħ għat-togħma

25 g/min weraq tal-kosbor, imqatta

100 g frak tal-ħobż

2 imgħaref dqiq abjad sempliċi

1 bajda mħarxa

Metodu

- Saħħan 1 tablespoon żejt ġo taġen. Żid il-basal u l-karrotti u aqli fuq nar medju għal 2-3 minuti, ħawwad spiss. Żid masoor dhal, ilma, kosbor mitħun u melħ. Hawwad għal 30 minuta, waqt li tħawwad.
- Żid il-weraq tal-kosbor u nofs il-frak tal-ħobż. Hallat sew.
- Agħti forma ta' zalzett u għatti bid-dqiq. Għaddas ir-rissoles fil-bajda msawwta u irromblahom fil-frak tal-ħobż li jkun fadal. Imwarrab.
- Saħħan iż-żejt li jifdal. Aqli r-rissoles sa kannella dehbi, iddawwar darba. Servi sħun ma 'chutney coconut aħdar.

poha nutrittiv

Għal 4 persuni

Materja prima

1 tablespoon żejt veġetali raffinat

125g/4½ oz karawett

1 basla, imqatta' fin

tsp turmeric

Melħ għat-togħma

1 patata, mgħollija u mqatta

200g/7oz poha*, mxarrba għal 5 minuti u imsaffi

1 kuċċarina meraq tal-lumi

1 tbsp weraq tal-kosbor imqatta

Metodu

- Saħħan iż-żejt ġo borma. Aqli l-ġewż, il-basla, it-turmeric u l-melħ fuq sħana medja għal 2-3 minuti.
- Żid patata u poha. Ħawwad fuq nar baxx sakemm it-taħlita tkun lixxa.
- Żejjen bil-meraq tal-lumi u l-weraq tal-kosbor. Servi sħun.

Fażola diżgustanti

(fażola fi zalza pikkanti)

Għal 4 persuni

Materja prima

300g/10oz masoor dhal*, xarrab fl-ilma sħun għal 20 minuta

tsp turmeric

Melħ għat-togħma

50g/1¾oz fażola ħadra, imqatta' fin

240 ml/8 fl oz ilma

1 tablespoon żejt veġetali raffinat

tsp żerriegħa tal-mustarda

Ftit weraq tal-curry

Melħ għat-togħma

Metodu

- Hallat dhal, turmeric u melħ. Itħan f'pejst oħxon.
- Fwar għal 20-25 minuta. Hallih jiksaħ għal 20 minuta. Għaffeġ it-taħlita b'subgħajk. Imwarrab.
- Sajjar il-fażola ħadra bl-ilma u ftit melħ ġo kazzola fuq nar medju sakemm ratba. Imwarrab.
- Saħħan iż-żejt ġo borma. Żid iż-żerriegħa tal-mustarda. Hallihom jibżgħu għal 15-il sekonda. Żid weraq tal-curry u dhal imfarrak.
- Ttektek għal madwar 3-4 minuti fuq nar medju sakemm artab. Żid fażola msajra u ħawwad sew. Servi sħun.

Ħobż Chutney Pakoda

Għal 4 persuni

Materja prima

250g/9oz besan*

5 fl oz/150ml ilma

½ tsp żerriegħa ajwain

125 g chutney mint

12-il qatgħa tal-ħobż

Żejt veġetali raffinat għall-qali

Metodu

- Ħallat il-besan mal-ilma biex tagħmel batter bħal taħlita tal-pancake. Żid iż-żerriegħa tal-ajwain u ħawwad ħafif. Imwarrab.
- Ifrex iċ-chutney mint fuq biċċa ħobż u poġġi oħra fuq. Irrepeti għall-flieli kollha tal-ħobż. Aqtagħhom bin-nofs dijagonalment.
- Saħħan iż-żejt ġo taġen. Daħħal il-garzelli fil-batter u aqli fuq nar medju sakemm ikun kannella dehbi. Servi sħun maz-zalza tat-tadam.

Methi Khakra Delight

(snacks tal-fenugreek)

Jagħti 16

Materja prima

50 g weraq fenugreek frisk, imqatta 'b'mod fin

300g/10oz dqiq tal-qamħ sħiħ

1 tsp trab tal-bżar

tsp turmeric

½ kuċċarina kosbor mitħun

1 tablespoon żejt veġetali raffinat

Melħ għat-togħma

120ml ilma

Metodu

- ħallat l-ingredjenti kollha flimkien. Knead f'għaġina ratba iżda soda.
- Aqsam l-għaġina f'16-il ballun daqs lumi. Irrombla f'diski irqaq ħafna.
- Saħħan taġen ċatt. Poġġi l-pjanċi fuq it-taġen ċatt u sajjar sakemm isiru iqarmeċ. Irrepeti għan-naħa l-oħra. aħżen f'kontenitur mitbuq.

Chop aħdar

Agħti 12

Materja prima

200g/7oz spinaċi, imqatta' fin

4 patata, mgħollija u maxx

200g/7oz mung dhal*, mgħollija u pureed

25 g/min weraq tal-kosbor, imqatta

2 ċajli ħodor, imqattgħin fin

1 kuċċarina garam masala

1 basla kbira, imqatta' fin

Melħ għat-togħma

1 kuċċarina pejst tat-tewm

1 kuċċarina pejst tal-ġinġer

Żejt veġetali raffinat għall-qali

250g/9oz frak tal-ħobż

Metodu

- Hallat l-ispinaċi u l-patata flimkien. Żid mung dhal, weraq tal-kosbor, chillies aħdar, garam masala, basla, melħ, pejst tat-tewm u pejst tal-ġinġer. Knead sew.
- Aqsam it-taħlita f'porzjonijiet daqs ġewż u sawwar kull cutlet.
- Saħħan iż-żejt ġo taġen. Irrombla cutlets fil-frak tal-ħobż u aqli sakemm ikun kannella dehbi. Servi sħun.

Handvo

(kejkijiet tal-qamħ saraċin fit-togħma)

Għal 4 persuni

Materja prima

100g/3½ oz smid

125g/4½ oz besan*

200g/7oz jogurt

qargħa tal-flixkun 25g/1oz, maħkuka

1 zunnarija, maħkuka

25g/1oz fażola ħadra żgħira

½ kuċċarina turmeric

½ tsp trab tal-bżar

½ tsp pejst tal-ġinġer

½ tsp pejst tat-tewm

1 chilli aħdar, imqatta' fin

Melħ għat-togħma

Niskata asafoetida

½ tsp baking soda

4 imgħaref ta 'żejt veġetali raffinat

tsp żerriegħa tal-mustarda

½ tsp żerriegħa tal-ġulġlien

Metodu

- Ħallat smid, besan u jogurt flimkien ġo borma. Żid il-qargħa tal-flixkun maħkuka u l-karrotta u l-fażola.
- Żid turmeric, trab taċ-chili, pejst tal-ġinġer, pejst tat-tewm, chili aħdar, melħ u asafoetida biex tagħmel il-pejst. Għandu jkollu l-konsistenza tal-batter tal-kejkijiet. Inkella, żid ftit imgħaref ilma.
- Żid il-baking soda u ħawwad sew. Imwarrab.
- Saħħan iż-żejt ġo borma. Żid mustarda u żerriegħa tal-ġulġlien. Ħallihom jibżgħu għal 15-il sekonda.
- Ferra l-batter fit-taġen. Għatti b'għatu u ħallih jagħli fuq nar baxx għal 10-12-il minuta.
- Ikxef u dawwar bil-mod l-għaġina mwebbsa bi spatula. Erġa' għatti u sajjar fuq nar baxx għal 15-il minuta oħra.
- Prick bil-furketta biex tiċċekkja jekk tkun lest. Jekk tkun mgħollija, il-furketta toħroġ nadifa. Servi sħun.

Pasti tal-banana bil-ħwawar

Għal 4 persuni

Materja prima

4 banana mhux misjura

125g/4½ oz besan*

75ml ilma

½ tsp trab tal-bżar

tsp turmeric

½ kuċċarina amchoor*

Melħ għat-togħma

Żejt veġetali raffinat għall-qali

Metodu

- Fwar il-banana fil-ġlud tagħhom għal 7 sa 8 minuti. Qaxxar u qatgħa. Imwarrab.
- Ħallat l-ingredjenti kollha li jifdal, ħlief iż-żejt, biex tifforma pejst oħxon. Imwarrab.
- Saħħan iż-żejt ġo tagen. Għaddas il-flieli tal-banana fil-batter u aqli fuq nar medju sa kannella dehbi.
- Servi sħun maċ-chutney mint

masala dosa

(Pancake mimlija bil-patata pikkanti)

Jagħmel 10-12

Materja prima

2 imgħaref ta 'żejt veġetali raffinat

½ tablespoon úrad dhal*

½ tsp żerriegħa tal-kemmun

½ tsp żerriegħa tal-mustarda

2 basal kbar, imqatta' rqiq

tsp turmeric

Melħ għat-togħma

2 patata kbira, mgħollija u mqatta

1 tbsp weraq tal-kosbor imqatta

Sada dosa friska

Metodu

- Saħħan iż-żejt ġo borma. Żid urad dhal, kemmun u żerriegħa tal-mustarda. Hallihom jibżgħu għal 15-il sekonda. Żid il-basla u aqli sakemm tkun trasluċidi.

- Żid turmeric, melħ, patata u weraq tal-kosbor. Hallat sew u neħħi mis-sħana.
- Poġġi tablespoon ta' din it-taħlita tal-patata fiċ-ċentru ta' kull sada dosa.
- Itwi fi trijangolu biex tkopri t-taħlita tal-patata. Servi sħun maċ-chutney tal-ġewż

kebabs tas-sojja

Agħti 2

Materja prima

500g/1lb 2oz fażola tas-sojja, mxarrba matul il-lejl

1 basla, imqatta' fin

3-4 sinniet tat-tewm

2.5cm/1in għerq tal-ġinġer

1 kuċċarina meraq tal-lumi

2 kuċċarini weraq tal-kosbor, imqatta

2 imgħaref lewż mxarrba u mqatta'

½ kuċċarina garam masala

½ tsp trab tal-bżar

1 tsp chaat masala*

Żejt veġetali raffinat għall-qali bażiku

Metodu

- Ixxotta l-biċċiet tas-sojja. Żid kull ħaġa oħra ħlief iż-żejt. Itħan f'pejst ħoxnin u kfriġġa għal 30 minuta.
- Aqsam it-taħlita fi blalen daqs ġewż u ċatthom.
- Saħħan iż-żejt ġo taġen. Żid skewers u aqli sa kannella dehbi. Servi sħun maċ-chutney mint

Smid Idli

(kejk tas-smid)

Agħti 12

Materja prima

4 kuċċarini żejt veġetali raffinat

150 g/5½ oz smid

120ml krema qarsa

tsp żerriegħa tal-mustarda

tsp żrieragħ tal-kemmun

5 chili aħdar, imqatta

1 ċm/½ fl-għerq tal-ġinġer, maħkuk

4 imgħaref weraq tal-kosbor, imqatta fin

Melħ għat-togħma

4-5 weraq tal-curry

Metodu

- Saħħan kuċċarina żejt ġo kazzola. Żid is-smid u aqli għal 30 sekonda. Żid krema qarsa. Imwarrab.
- Saħħan iż-żejt li jifdal ġo taġen. Żid żerriegħa tal-mustarda, żerriegħa tal-kemmun, chillies aħdar, ġinġer, weraq tal-kosbor, melħ u weraq tal-curry. Fry għal 2 minuti.
- Żidha mat-taħlita tas-smid. Hallih għal 10 minuti.
- Ferra t-taħlita tas-smid ġo twaġen idli jew laned tal-cupcake bil-grass. Fwar għal 15-il minuta. Neħħi mill-forom. Servi sħun.

Cutlet bil-bajd u l-patata

Għal 4 persuni

Materja prima

4 bajd iebes mgħolli, scrambled

2 patata, mgħollija u maxx

½ kuċċarina bżar iswed mitħun

2 chili aħdar, imqatta

½ pulzier/1 ċm għerq tal-ġinġer, imqatta' fin

2 sinniet tat-tewm, imqattgħin fin

½ tsp meraq tal-lumi

Melħ għat-togħma

Żejt veġetali raffinat għall-qali bażiku

Metodu

- Ħallat l-ingredjenti kollha ħlief iż-żejt.
- Aqsam fi blalen daqs ġewż u agħfas biex tifforma patties.
- Saħħan iż-żejt ġo borma. Żid chops u aqli sa kannella dehbi.
- Servi sħun.

Shivda

(taħlita tar-ross imnixxef)

Għal 4 persuni

Materja prima

2 imgħaref ta 'żejt veġetali raffinat

1 tsp żerriegħa tal-mustarda

½ tsp żerriegħa tal-kemmun

½ kuċċarina turmeric

8 weraq tal-curry

750g/1lb 10oz poha*

125g/4½ oz karawett

75g/2½ oz chana dhal*, moqli

1 tablespoon ta 'zokkor trab

Melħ għat-togħma

Metodu

- Saħħan iż-żejt ġo borma. Żid żerriegħa tal-mustarda, żerriegħa tal-kemmun, turmeric u weraq tal-curry. Hallihom jibżgħu għal 15-il sekonda.
- Żid l-ingredjenti kollha li fadal u aqli għal 4-5 minuti fuq nar baxx.
- Hallih jiksaħ kompletament. aħżen f'kontenitur mitbuq.

NOTA:*Dan jista 'jinħażen sa 15-il jum.*

Ħobż Bhajjia

(doughnut tal-ħobż)

Għal 4 persuni

Materja prima

85g/3oz cornmeal

1 basla, imqatta' fin

½ tsp trab tal-bżar

1 tsp kosbor mitħun

Melħ għat-togħma

75ml ilma

8 flieli ħobż, maqtugħin fi kwarti

Żejt veġetali raffinat għall-qali

Metodu

- Ħallat l-ingredjenti kollha, ħlief ħobż u żejt, biex tagħmel għaġina ħoxna.
- Saħħan iż-żejt ġo taġen. Għaddas il-biċċiet tal-ħobż fil-batter u aqli sa kannella dehbi.
- Servi sħun ma 'ketchup jew chutney mint.

masala tal-bajd

Għal 4 persuni

Materja prima

2 basal żgħar, imqattgħin

2 chili aħdar, imqatta

2 imgħaref ta 'żejt veġetali raffinat

1 kuċċarina pejst tal-ġinġer

1 kuċċarina pejst tat-tewm

1 tsp trab tal-bżar

½ kuċċarina turmeric

1 tsp kosbor mitħun

1 kuċċarina kemmun mitħun

½ kuċċarina garam masala

2 tadam, imqatta 'b'mod fin

2 imgħaref besan*

Melħ għat-togħma

25 g/weraq żgħir tal-kosbor, imqatta' fin

8 bajd, mgħollija u mnaqqsa bin-nofs

Metodu

- Itħan il-basal imqatta' u ċ-chilies aħdar flimkien biex tagħmel pejst mhux maħdum.
- Saħħan iż-żejt ġo borma. Żid din il-pejst flimkien ma' pejst tal-ġinġer, pejst tat-tewm, trab taċ-chili, turmeric, kosbor mitħun, kemmun mitħun u garam masala. Ħallat sew u aqli għal 3 minuti, ħawwad kontinwament.

- Żid it-tadam u aqli għal 4 minuti.
- Żid besan u melħ. Ħallat sew u aqli għal minuta oħra.
- Żid il-weraq tal-kosbor u aqli għal 2-3 minuti oħra fuq nar medju.
- Żid il-bajd u ħawwad bil-mod. Il-masala għandha tkopri l-bajd sew min-naħat kollha. Sajjar fuq nar baxx għal 3-4 minuti.
- Servi sħun.

Gamblu Pakoda

(Snack ta' gambli moqli)

Għal 4 persuni

Materja prima

250 g gambli gambli, imqaxxra u mistada

Melħ għat-togħma

375g/13oz besan*

1 kuċċarina pejst tal-ġinġer

1 kuċċarina pejst tat-tewm

½ kuċċarina turmeric

1 kuċċarina garam masala

5 fl oz/150ml ilma

Żejt veġetali raffinat għall-qali

Metodu

- Immarina l-gambli bil-melħ għal 20 minuta.
- Żid il-bqija tal-ingredjenti, ħlief iż-żejt.
- Żid biżżejjed ilma biex tifforma pejst oħxon.
- Saħħan iż-żejt ġo borma. Żid mgħaref żgħar tal-batter u aqli fuq nar medju sakemm ikun kannella dehbi. Ixxotta fuq xugamani tal-karti.
- Servi sħun maċ-chutney mint.

Dip tal-ġobon

Għal 6 persuni

Materja prima

2 imgħaref dqiq abjad sempliċi

240 ml/8 fl oz ħalib

4 imgħaref butir

1 basla medja, imqatta 'b'mod fin

Melħ għat-togħma

150g/5½ oz ġobon tal-mogħoż, imsoff

150g/5½ oz ġobon cheddar, maħkuk

12-il qatgħa tal-ħobż

2 bajd, imsawta

Metodu

- Hallat dqiq, ħalib u kuċċarina butir ġo borma. Hallih jagħli, kun żgur li ma jiffurmawx ċapep. Ttektek sakemm it-taħlita teħxen. Imwarrab.
- Saħħan il-bqija tal-butir ġo kazzola. Qalli l-basla fuq nar medju sakemm tkun ratba.
- Żid melħ, ġobon tal-mogħoż, cheddar u taħlita tad-dqiq. Hallat sew u warrab.
- Butir il-flieli tal-ħobż. Ifrex kuċċarina tat-taħlita tal-ġobon fuq 6 slices u poġġi s-6 slices li jifdal fuq nett.
- Ixkupilja l-uċuħ ta' dawn is-sandwiches bil-bajd imsawta.
- Aħmi f'forn imsaħħan minn qabel f'180°C (350°F/termometru 6) għal 10 sa 15-il minuta sakemm ikun kannella dehbi. Servi sħun maz-zalza tat-tadam.

Mysore Bonda

(Bun tal-Qamħ Moqli tan-Nofsinhar tal-Indja)

Agħti 12

Materja prima

175g/6oz dqiq abjad sempliċi

1 basla żgħira, imqatta' fin

1 tablespoon dqiq tar-ross

120ml krema qarsa

Niskata baking soda

2 imgħaref weraq tal-kosbor imqattgħin

Melħ għat-togħma

Żejt veġetali raffinat għall-qali

Metodu

- Ipprepara l-għaġina billi tħallat l-ingredjenti kollha, ħlief iż-żejt. Imwarrab għal 3 sigħat.
- Saħħan iż-żejt ġo taġen. Poġġi mgħaref għaġina fiha u aqli fuq nar medju sa kannella dehbi. Servi sħun maz-zalza tat-tadam.

Radhballabhi

(Rolls Savory Bengali)

Rendimenti 12-15

Materja prima

4 imgħaref mung dhal*

4 imgħaref chana dhal*

4 imsiemer tal-qronfol

3 imżiewed tal-kardamomu aħdar

½ tsp żerriegħa tal-kemmun

3 imgħaref ghee u żejjed għall-qali

Melħ għat-togħma

350g/12oz dqiq abjad sempliċi

Metodu

- Xarrab id-dal matul il-lejl. Ixxotta l-ilma u naqqas għal pejst. Imwarrab.
- Għaffeġ il-qronfol, il-kardamomu u ż-żerriegħa tal-kemmun flimkien.
- Saħħan 1 tablespoon ta 'ghee f'taġen. Aqli l-ħwawar mitħun għal 30 sekonda. Żid il-pejst tad-dhal u l-melħ. Aqli fuq nar medju sakemm jinxef. Imwarrab.

- Knead id-dqiq b'2 imgħaref għee, melħ u ilma biżżejjed biex tagħmel għaġina soda. Aqsam fi blalen daqs lumi. Irrombla fi platti u poġġi blalen ta' dħal moqli fiċ-ċentru ta' kull wieħed. Siġill bħal vażun.
- Irrombla l-borża f'puris oħxon, kull 10 ċm fid-dijametru. Imwarrab.
- Saħħan il-għee ġo borma. Aqli l-puris sakemm tkun dehbi.
- Ixxotta fuq srievet tal-karti u servi sħun.

Medou Vada

(Għass moqli)

Għal 4 persuni

Materja prima

300g/10oz urad dhal*, mxarrba għal 6 sigħat

Melħ għat-togħma

¼ kuċċarina asafoetida

8 weraq tal-curry

1 tsp żerriegħa tal-kemmun

1 kuċċarina bżar iswed mitħun

Ħxejjex imnaddfa għall-qali

Metodu

- Ixxotta l-urad dhal u itħan f'pejst oħxon u niexef.
- Żid l-ingredjenti kollha li fadal, ħlief iż-żejt, u ħawwad sew.
- Imxarrab pali tiegħek. Agħmel ballun daqs lumi bl-għaġina, iċċattjaha u agħmel toqba fin-nofs bħal doughnut. Irrepeti mal-bqija tal-għaġina.
- Saħħan iż-żejt ġo tagen. Aqli l-waders sakemm ikunu kannella dehbi.
- Servi sħun ma sambhar.

Omelette tat-tadam

Agħti 10

Materja prima

2 tadam kbir, imqatta 'b'mod fin

180g/6½ oz besan*

85g/3oz sħaħ

2 imgħaref smid

1 basla kbira, imqatta' fin

½ tsp pejst tal-ġinġer

½ tsp pejst tat-tewm

tsp turmeric

½ tsp trab tal-bżar

1 tsp kosbor mitħun

½ tsp kemmun mitħun, inkaljat niexef

25 g/min weraq tal-kosbor, imqatta

Melħ għat-togħma

120ml ilma

Ħxejjex imnaddfa għat-tixrid

Metodu

- Ħallat l-ingredjenti kollha, ħlief iż-żejt, biex tagħmel pejst oħxon.
- Butir u saħħan taġen ċatt. Ferrex mgħarfa għaġina fuqha.
- Ferra ftit żejt madwar l-omelette, għatti b'għatu u sajjar fuq nar medju għal 2 minuti. Mur lura u rrepeti. Irrepeti mal-bqija tal-għaġina.
- Servi sħun ma 'ketchup jew chutney mint

Bhuri tal-bajd

(Bajd imħawwar)

Għal 4 persuni

Materja prima

4 imgħaref ta 'żejt veġetali raffinat

½ tsp żerriegħa tal-kemmun

2 basal kbar, imqattgħin fin

8 sinniet tat-tewm, imqattgħin fin

½ kuċċarina turmeric

3 chili ħodor, imqattgħin fin

2 tadam, imqatta 'b'mod fin

Melħ għat-togħma

8 bajd, imsawta

10 g/¼ oz weraq tal-kosbor, imqatta'

Metodu

- Saħħan iż-żejt ġo borma. Żid żrieragħ tal-kemmun. Hallihom jibżgħu għal 15-il sekonda. Żid il-basla u aqli fuq nar medju sakemm trasluċidi.
- Żid it-tewm, it-turmeric, il-bżar aħdar u t-tadam. Fry għal 2 minuti. Żid il-bajd u sajjar, ħawwad kontinwament, sakemm il-bajd ikun imsajjar.
- Żejjen bil-weraq tal-kosbor u servi sħun.

Taħbit tal-bajd

Agħti 8

Materja prima

8 fl oz/240 ml żejt veġetali purifikat

1 basla kbira, imqatta' fin

1 kuċċarina pejst tal-ġinġer

1 kuċċarina pejst tat-tewm

Melħ għat-togħma

½ kuċċarina bżar iswed mitħun

2 patata kbira, mgħollija u maxx

8 bajd iebes mgħolli, imqatta' bin-nofs

1 bajda mħarxa

100 g frak tal-ħobż

Metodu

- Saħħan iż-żejt ġo borma. Żid il-basla, il-pejst tal-ġinġer, il-pejst tat-tewm, il-melħ u l-bżar iswed. Aqli fuq nar medju sakemm kannella.
- Żid il-patata. Fry għal 2 minuti.
- Neħħi l-isfar tal-bajd u żidhom mat-taħlita tal-patata. Ħallat sew.
- Imla l-bajd vojt bit-taħlita tal-isfar tal-patata.
- Għaddihom fil-bajd scrambled u irromblahom fil-frak tal-ħobż. Imwarrab.
- Saħħan iż-żejt ġo taġen. Aqli l-bajd sakemm ikun dehbi. Servi sħun.

Jhal Mudi

(Ross minfuħ pikkanti)

Għal 5-6 persuni

Materja prima

300g/10oz baqta*

1 ħjar, imqatta 'b'mod fin

125g/4½ oz Chana imsajjar*

1 patata kbira, mgħollija u mqatta' fin

125g/4½ oz karawett inkaljat

1 basla kbira, imqatta' fin

25 g/weraq żgħir tal-kosbor, imqatta' fin

4-5 imgħaref ta 'żejt tal-mustarda

1 tbsp kemmun mitħun, inkaljat niexef

2 imgħaref meraq tal-lumi

Melħ għat-togħma

Metodu

- Ħallat l-ingredjenti kollha flimkien biex tħallat sew. Servi immedjatament.

Tofu Tikka

Agħti 15

Materja prima

300g/10oz tofu, maqtugħ f'biċċiet ta' 5cm/2in

1 bżar aħdar, imqatta'

1 tadam, imqatta'

1 basla kbira, imqatta'

1 tsp chaat masala*

250g/9oz jogurt Grieg

½ kuċċarina garam masala

½ kuċċarina turmeric

1 kuċċarina pejst tat-tewm

1 kuċċarina meraq tal-lumi

Melħ għat-togħma

1 tablespoon żejt veġetali raffinat

Għall-pickles:

25g/biċċa 1oz weraq tal-kosbor, mitħun

25 g/biċċa weraq mint, mitħun

Metodu

- Ħallat l-ingredjenti għall-immarinar flimkien. Immarina t-tofu mat-taħlita għal 30 minuta.
- Grill bil-bżar, it-tadam u l-biċċiet tal-basal għal 20 minuta, iddawwar kultant.
- Roxx bi chaat masala. Servi sħun maċ-chutney mint

Hello Cable

(Taħlita pikkanti ta' patata, ċiċri u tamarind)

Għal 4 persuni

Materja prima

3 patata kbira, mgħollija u mqatta' dadi

250g/9oz fażola bajda*, imsajjar

1 basla kbira, imqatta' fin

1 chilli aħdar, imqatta' fin

2 tsp pejst tamarind

2 kuċċarini żerriegħa tal-kemmun inkaljat niexef, mitħun

10 g/¼ oz weraq tal-kosbor, imqatta'

Melħ għat-togħma

Metodu

- Hallat l-ingredjenti kollha flimkien fi skutella. Għaffeġ ħafif.
- Servi mkessaħ jew f'temperatura tal-kamra.

Omelette Masala

Agħti 6

Materja prima

8 bajd, imsawta

1 basla kbira, imqatta' fin

1 tadam, imqatta' fin

4 chili aħdar, imqatta' fin

2-3 sinniet tat-tewm, imqattgħin fin

2.5 ċm għerq tal-ġinġer, imqatta 'b'mod fin

3 imgħaref weraq tal-kosbor imqatta' fin

1 tsp chaat masala*

½ kuċċarina turmeric

Melħ għat-togħma

6 imgħaref ta 'żejt veġetali raffinat

Metodu

- Għaqqad l-ingredjenti kollha ħlief iż-żejt u ħawwad sew.
- Saħħan taġen u ferrex 1 tablespoon żejt fuqha. Ferrex sitta tat-taħlita tal-bajd fuq nett.
- Ladarba tkun issettjata, aqleb l-omelet u sajjar in-naħa l-oħra fuq shana medja.
- Irrepeti mal-bqija tal-għaġina.
- Servi sħun ma 'ketchup jew chutney mint

Bejjiegħ tal-ġewż

Għal 4 persuni

Materja prima

500g/1lb 2oz karawett inkaljat

1 basla kbira, imqatta' fin

3 chili ħodor, imqattgħin fin

25 g/weraq żgħir tal-kosbor, imqatta' fin

1 patata kbira, mgħollija u mqatta

1 tsp chaat masala*

1 tablespoon meraq tal-lumi

Melħ għat-togħma

Metodu

- Ħallat l-ingredjenti kollha flimkien biex tħallat sew. Servi immedjatament.

Wadi minn Kothmir

(Blalen moqlija bil-kosbor)

Jagħti 20-25

Materja prima

100 g weraq tal-kosbor imqatta' fin

250g/9oz besan*

45g/1½ oz dqiq tar-ross

3 chili ħodor, imqattgħin fin

½ tsp pejst tal-ġinġer

½ tsp pejst tat-tewm

1 tablespoon żerriegħa tal-ġulġlien

1 kuċċarina turmeric

1 tsp kosbor mitħun

1 kuċċarina zokkor

¼ kuċċarina asafoetida

tsp baking soda

Melħ għat-togħma

5 fl oz/150ml ilma

Żejt veġetali raffinat għall-grass flimkien ma 'żejjed għall-qali bażiku

Metodu

- Ħallat l-ingredjenti kollha fi skutella ħlief iż-żejt. Żid ftit ilma biex tagħmel pejst oħxon.
- Idlek landa tal-kejkijiet tonda ta' 20 cm biż-żejt u ferra l-batter fiha.
- Fwar għal 10-15-il minuta. Ħallih jiksaħ għal 10 minuti. Aqta' t-taħlita steamed f'biċċiet kwadri.
- Saħħan iż-żejt ġo taġen. Aqli l-biċċiet sakemm ikunu kannella dehbi fuq iż-żewġ naħat. Servi sħun.

Rombli tar-ross u tal-qamħ

Għal 4 persuni

Materja prima

100g/3½ oz ross bil-fwar, maxx

200g/7oz qlub tal-qamħirrum imsajjar

125g/4½ oz besan*

1 basla kbira, imqatta' fin

1 kuċċarina garam masala

½ tsp trab tal-bżar

10 g/¼ oz weraq tal-kosbor, imqatta'

Meraq ta '1 lumi

Melħ għat-togħma

Żejt veġetali raffinat għall-qali

Metodu

- Ħallat l-ingredjenti kollha, ħlief iż-żejt.
- Saħħan iż-żejt ġo borma. Poġġi mgħaref żgħar tat-taħlita fiż-żejt u aqli sa kannella dehbi minn kull naħa.
- Ixxotta fuq xugamani tal-karti. Servi sħun.

Dahi chop

(cutlet jogurt)

Għal 4 persuni

Materja prima

Jogurt Grieg 600g/1lb 5oz

Melħ għat-togħma

3 imgħaref weraq tal-kosbor imqattgħin

6 chili aħdar, imqatta fin

200g/7oz frak tal-ħobż

1 kuċċarina garam masala

2 kuċċarini ġewż, imqatta

2 imgħaref dqiq abjad sempliċi

½ tsp baking soda

90ml ilma

Żejt veġetali raffinat għall-qali

Metodu

- Ħallat il-jogurt mal-melħ, weraq tal-kosbor, chilli, frak tal-ħobż u garam masala. Aqsam f'biċċiet daqs lumi.
- Agħfas ftit ġewż imfarrak fiċ-ċentru ta' kull porzjon. Imwarrab.

- Ħallat dqiq, baking soda u biżżejjed ilma biex tagħmel għaġina fina. Għaddas il-cutlets fil-batter u warrab.
- Saħħan iż-żejt ġo borma. Aqli ċ-chops sakemm ikunu kannella dehbi.
- Servi sħun maċ-chutney mint

Ejja noħorġu

(pancake tar-ross)

Agħti 12

Materja prima

500g/1lb 2oz ross

150g/5½ oz urad dhal*

2 tsp żrieragħ fenugreek

Melħ għat-togħma

12 imgħaref ta 'żejt veġetali raffinat

Metodu

- Ħallat l-ingredjenti kollha, ħlief iż-żejt. Xarrab fl-ilma għal 6-7 sigħat. Ixxotta u itħan għal pejst fin. Ħallih jiffermenta għal 8 sigħat.
- Saħħan taġen u ferrex 1 kuċċarina żejt fuqha.
- Ferra mgħaref ħoxnin ta' dawrien. Ifrex bħal pancake.
- Sajjar fuq nar baxx għal 2-3 minuti. Mur lura u rrepeti.
- Irrepeti mal-bqija tal-għaġina. Servi sħun.

Koraishuir Kochuri

(Ħobż mimli bil-fażola)

Għal 4 persuni

Materja prima

175g/6oz dqiq abjad sempliċi

kuċċarina melħ

2 imgħaref ghee flimkien ma 'ftit aktar għall-qali

500g/1lb 2oz piżelli ffriżati

2.5cm/1in għerq tal-ġinġer

4 bżar aħdar żgħir

2 imgħaref ta 'żerriegħa tal-bużbież

¼ kuċċarina asafoetida

Metodu

- Knead dqiq ma '¼ kuċċarina melħ u 2 tablespoons ta' ghee. Imwarrab.
- Itħan il-fażola, il-ġinġer, iċ-chili u l-bużbież f'pejst fin. Imwarrab.
- Saħħan kuċċarina ghee ġo taġen. Aqli l-asafoetida għal 30 sekonda.
- Żid il-pejst tal-fażola u nofs kuċċarina melħ. Fry għal 5 minuti. Imwarrab.

- Aqsam l-għaġina fi 8 blalen. Iċċattja u imla kull waħda bit-taħlita tal-piżelli. Agħlaq bħal but u terġa' tinfetaħ. Irrombla f'diski ċirkolari.
- Saħħan il-ghee ġo borma. Żid il-flieli mimlijin u aqli fuq shana medja sakemm iduru. Ixxotta fuq srievet tal-karti u servi sħun.

Kanda Vada

(slice basla)

Għal 4 persuni

Materja prima

4 basal kbir, imqatta'

4 chili aħdar, imqatta' fin

10 g/¼ oz weraq tal-kosbor, imqatta'

tsp pejst tat-tewm

¾ tsp pejst tal-ġinġer

½ kuċċarina turmeric

Niskata baking soda

Melħ għat-togħma

250g/9oz besan*

Żejt veġetali raffinat għall-qali

Metodu

- Ħallat l-ingredjenti kollha ħlief iż-żejt. Knead u warrab għal 10 minuti.
- Saħħan iż-żejt ġo borma. Żid mgħaref mit-taħlita maż-żejt u aqli fuq nar medju sakemm ikun kannella dehbi. Servi sħun.

Aloo Tuk

(Snack tal-patata pikkanti)

Għal 4 persuni

Materja prima

8-10 patata tat-trabi, steamed

Melħ għat-togħma

Żejt veġetali raffinat għall-qali

2 imgħaref chutney mint

2 imgħaref chutney tat-tadam ħelu

1 basla kbira, imqatta' fin

2-3 chili aħdar, imqatta fin

1 kuċċarina melħ iswed, trab

1 tsp chaat masala*

Meraq ta '1 lumi

Metodu

- Agħfas bil-mod il-patata biex tiċċattjaha ftit. Roxx bil-melħ.
- Saħħan iż-żejt ġo borma. Żid il-patata u aqli sakemm tkun kannella dehbi min-naħat kollha.

- Ittrasferixxi l-patata għal platt li jservi. Fil-wiċċ ferrex ċatney mint u chutney tat-tadam ħelu.
- Roxx fuqha basla, chili aħdar, melħ iswed, chaat masala u meraq tal-lumi. Servi immedjatament.

Cutlets tal-ġewż

Agħti 10

Materja prima

200g/7oz coconut frisk, imqatta

2.5cm/1in għerq tal-ġinġer

4 bżar aħdar

2 basal kbar, imqattgħin fin

50 g weraq tal-kosbor

4-5 weraq tal-curry

Melħ għat-togħma

2 patata kbira, mgħollija u maxx

2 bajd, imsawta

100 g frak tal-ħobż

Żejt veġetali raffinat għall-qali

Metodu

- Itħan flimkien coconut, ġinġer, chili, basla, weraq tal-kosbor u weraq tal-curry. Imwarrab.
- Melħ il-patata u ħawwad sew.
- Agħmel blalen tal-patata daqs lumi u iċċattjahom fil-keffa ta' idejk.

- Poġġi ftit taħlita ta' coconut mitħun fiċ-ċentru ta' kull cutlet. Agħlaqhom bħal but u erġa' iċċattjahom bil-mod.
- Għaddas kull cutlet fil-bajd imsawta u irrombla fil-frak tal-ħobż.
- Saħħan iż-żejt ġo borma. Aqli ċ-chops sakemm ikunu kannella dehbi.
- Ixxotta fuq srievet tal-karti u servi sħun biċ-chutney mint

Dhokla bi mung sprouts

(Mung sprout kejk bil-fwar)

Agħti 20

Materja prima

200g/7oz fażola mung nibet

150g/5½ oz mung dhal*

2 imgħaref ta 'krema qarsa

Melħ għat-togħma

2 imgħaref karrotti maħkuk

Żejt veġetali raffinat għal-lubrikazzjoni

Metodu

- Hallat fażola mung, dhal mung u krema qarsa. Itħan flimkien f'pejst lixx. Fermentazzjoni għal 3-4 sigħat. Żid il-melħ u warrab.
- Griż landa tal-kejkijiet tonda ta' 20 cm. Ferra t-taħlita tad-dhal. Roxx fuq il-karrotti u l-fwar għal 7 minuti.
- Aqta' f'biċċiet u servi sħun.

Paneer Pakoda

(Għaġina tal-Paneer Moqlija)

Għal 4 persuni

Materja prima

2½ tsp trab taċ-chilli

1¼ kuċċarina amchoor*

Panel ta '250g/9oz*, maqtugħ f'biċċiet kbar

8 imgħaref besan*

Melħ għat-togħma

Niskata baking soda

5 fl oz/150ml ilma

Żejt veġetali raffinat għall-qali

Metodu

- Ħallat 1 tablespoon ta 'trab taċ-chilli u amchoor. Immarina l-biċċiet tal-paneer mat-taħlita għal 20 minuta.
- Ħallat il-besan mat-trab taċ-chili li jifdal, il-melħ, il-baking soda u biżżejjed ilma biex tagħmel pejst.
- Saħħan iż-żejt ġo borma. Għaddas kull biċċa paneer fil-batter u aqli fuq sħana medja sa kannella dehbi.
- Servi sħun maċ-chutney mint

Meatloaf Indjan

Għal 4 persuni

Materja prima

500g/1lb 2oz ċanga mitħun

200g/7oz strixxi tal-bejken

½ tsp pejst tal-ġinġer

½ tsp pejst tat-tewm

2 ċajli ħodor, imqattgħin fin

½ kuċċarina bżar iswed mitħun

¼ tsp noċemuskata maħkuka

Meraq ta '1 lumi

Melħ għat-togħma

2 bajd, imsawta

Metodu

- Hallat l-ingredjenti kollha ħlief il-bajd flimkien ġo borma.
- Sajjar fuq nar għoli sakemm it-taħlita tkun niexfa. Ktieb sabiħ.
- Żid bajd imsawwat u ħawwad sew. Ferra' ġo landa tal-kejkijiet ta' 20 x 10 cm/8 x 4 pulzieri.
- Halli t-taħlita tisfur għal 15-20 minuta. Hallih jiksaħ għal 10 minuti. Aqta' fi flieli u servi sħun.

Paneer Tikka

(Paneer Patty)

Għal 4 persuni

Materja prima

Panel ta '250g/9oz*, maqtugħa fi 12-il biċċa

2 tadam, kwarti u mingħajr polpa

2 bżar aħdar, miżrugħ u kwarti

2 basal medju, kwarti

3-4 weraq tal-kaboċċi, imqatta '

1 basla żgħira, imqatta' rqiqa

Għall-pickles:

1 kuċċarina pejst tal-ġinġer

1 kuċċarina pejst tat-tewm

250g/9oz jogurt Grieg

2 imgħaref ta 'krema likwida

Melħ għat-togħma

Metodu

- Hallat l-ingredjenti għall-immarinar flimkien. Immarina paneer, tadam, kapsicum u basla b'din it-taħlita għal 2-3 sigħat.
- Aqtagħhom wieħed wara l-ieħor u grillhom fuq grill tal-faħam sakemm il-biċċiet tal-paneer ikunu kannella dehbi.
- Żejjen bil-kaboċċi u l-basla. Servi sħun.

Paneer cutlets

Agħti 10

Materja prima

1 tablespoon ta 'ghee

2 basal kbar, imqattgħin fin

2.5 ċm għerq tal-ġinġer, maħkuk

2 ċajli ħodor, imqattgħin fin

4 sinniet tat-tewm, imqattgħin fin

3 patata, mgħollija u maxx

300g/10oz ġobon tal-mogħoż, imsaffi

1 tablespoon dqiq abjad sempliċi

3 imgħaref weraq tal-kosbor imqattgħin

50 g frak tal-ħobż

Melħ għat-togħma

Żejt veġetali raffinat għall-qali

Metodu

- Saħħan il-ghee ġo borma. Żid il-basla, il-ġinġer, il-paprika u t-tewm. Aqli, waqt li tħawwad spiss, sakemm il-basla tkun kannella. Neħħi mis-sħana.

- Żid patata, ġobon tal-mogħoż, dqiq, weraq tal-kosbor, frak tal-ħobż u melħ. Hallat sew u ifforma cutlets mit-taħlita.

- Saħħan iż-żejt ġo borma. Fry cutlets sakemm kannella dehbi. Servi sħun.

Wied Kebab

(Dhal Kebab)

Agħti 12

Materja prima

600g/1lb 5oz masoor dhal*

1.2 litri / 2 litri ta 'ilma

Melħ għat-togħma

3 imgħaref weraq tal-kosbor imqattgħin

3 imgħaref lamtu tal-qamħirrum

3 imgħaref ta' frak tal-ħobż

1 kuċċarina pejst tat-tewm

Żejt veġetali raffinat għall-qali

Metodu

- Sajjar id-dhali bl-ilma u l-melħ ġo borma fuq nar medju għal 30 minuta. Ixxotta l-ilma żejjed u maxx id-dhal imsajjar b'kuċċarina tal-injam.
- Żid kull ħaġa oħra ħlief iż-żejt. Ħallat sew u sawwar it-taħlita fi 12-il kejk.
- Saħħan iż-żejt ġo borma. Aqli l-kejkijiet sakemm ikunu kannella dehbi. Ixxotta fuq srievet tal-karti u servi sħun.

Blalen tar-ross immellaħ

Għal 4 persuni

Materja prima

100g/3½ oz ross bil-fwar

125g/4½ oz besan*

Jogurt 125g/4½ oz

½ tsp trab tal-bżar

tsp turmeric

1 kuċċarina garam masala

Melħ għat-togħma

Żejt veġetali raffinat għall-qali

Metodu

- Maxx ir-ross b'kuċċarina tal-injam. Żid l-ingredjenti kollha li fadal, ħlief iż-żejt, u ħawwad sew. Dan għandu jagħmel għaġina l-konsistenza tat-taħlita tal-kejk. Żid l-ilma jekk meħtieġ.
- Saħħan iż-żejt ġo taġen. Żid mgħaref għaġina u aqli fuq nar medju sa kannella dehbi.
- Ixxotta fuq srievet tal-karti u servi sħun.

Roll Roti nutrittiv

Għal 4 persuni

Materja prima
Għall-mili:

1 tsp żerriegħa tal-kemmun

1 kuċċarina butir

1 patata mgħollija, maxx

1 bajda mgħollija iebsa, imqatta 'b'mod fin

1 tbsp weraq tal-kosbor imqatta

½ tsp trab tal-bżar

Niskata bżar iswed mitħun

Niskata garam masala

1 tablespoon basla ħadra, imqatta 'b'mod fin

Melħ għat-togħma

Għall-steak:

85g/3oz sħaħ

1 tsp żejt veġetali raffinat

Niskata melħ

Metodu

- Hallat l-ingredjenti kollha tal-mili flimkien u maxx sew. Imwarrab.
- Hallat l-ingredjenti kollha għar-roti. Knead f'għaġina ratba.
- Ifforma blalen tal-għaġina daqs il-ġewż u irrombla kull wieħed f'diski.
- Ifrex il-mili tal-pureed b'mod irqiq u indaqs fuq kull platt. Irrombla kull disk f'roll issikkat.
- Ixwi r-rollijiet ħafif fuq tagen jaħraq. Servi sħun.

Kebabs tat-tiġieġ u mint

Agħti 20

Materja prima

500g/1lb 2oz tiġieġ mitħun

50 g weraq mint imqattgħin fin

4 chili aħdar, imqatta' fin

1 tsp kosbor mitħun

1 kuċċarina kemmun mitħun

Meraq ta '1 lumi

1 kuċċarina pejst tal-ġinġer

1 kuċċarina pejst tat-tewm

1 bajda mħarxa

1 tablespoon lamtu tal-qamħirrum

Melħ għat-togħma

Żejt veġetali raffinat għall-qali

Metodu

- Hallat l-ingredjenti kollha ħlief iż-żejt. Knead f'għaġina ratba.
- Aqsam l-għaġina f'20 parti u ċċattja kull waħda.
- Saħħan iż-żejt ġo taġen. Aqli l-iskewers fuq nar medju sakemm ikunu kannella dehbi. Servi sħun maċ-chutney mint

fries masala

Għal 4 persuni

Materja prima

200g/7oz melħ semplići tal-patata kunjardi

2 basal, imqatta 'b'mod fin

10 g/¼ oz weraq tal-kosbor, imqatta' fin

2 kuċċarini meraq tal-lumi

1 tsp chaat masala*

Melħ għat-togħma

Metodu

- Għaffeġ il-qxur. Żid l-ingredjenti kollha u ħawwad biex tgħaqqad sew.
- Servi immedjatament.

Samosa tal-Ħxejjex Imħallta

(taħlita ta' ħaxix b'togħma)

Agħti 10

Materja prima

2 imgħaref żejt veġetali purifikat flimkien ma 'ftit aktar għall-qali

1 basla kbira, imqatta' fin

175g/6oz pejst tal-ġinġer

1 tsp kemmun mitħun, inkaljat niexef

Melħ għat-togħma

2 patata, mgħollija u mqatta' dadi

125g/4½ oz fażola msajra

Għall-għaġina:

175g/6oz dqiq abjad sempliċi

Niskata melħ

2 imgħaref ta 'żejt veġetali raffinat

100ml/3½ fl oz ilma

Metodu

- Saħħan 2 imgħaref żejt ġo taġen. Żid il-basla, il-ġinġer u l-kemmun mitħun. Fry għal 3-5 minuti, waqt li tħawwad kontinwament.
- Żid il-melħ, il-patata u l-piżelli. Ħallat sew u maxx. Imwarrab.
- Agħmel koni tal-għaġina mal-għaġina, bħal fir-riċetta tal-Patata Samosa
- Imla kull kon b'1 tablespoon tat-taħlita tal-patata-fażola u ssiġilla t-truf.
- Saħħan iż-żejt ġo taġen u aqli l-koni sakemm ikunu kannella dehbi.
- Ixxotta u servi sħun ma 'ketchup jew chutney mint

Rombli mqattgħin

Agħti 12

Materja prima

500g/1lb 2oz ħaruf mitħun

2 ċajli ħodor, imqattgħin fin

2.5 ċm għerq tal-ġinġer, imqatta 'b'mod fin

2 sinniet tat-tewm, imqattgħin fin

1 kuċċarina garam masala

1 basla kbira, imqatta' fin

25 g/min weraq tal-kosbor, imqatta

1 bajda mħarxa

Melħ għat-togħma

50 g frak tal-ħobż

Żejt veġetali raffinat għall-qali bażiku

Metodu

- Hallat kollox ħlief frak tal-ħobż u żejt. Aqsam it-taħlita fi 12-il porzjon ċilindriku. Irrombla fil-frak tal-ħobż. Imwarrab.
- Saħħan iż-żejt ġo taġen. Aqli r-rombli fuq nar baxx sakemm ikunu kannella dehbi min-naħat kollha.
- Servi sħun ma 'chutney coconut aħdar

Golli Kebab

(rombli tal-ħaxix)

Agħti 12

Materja prima

1 zunnarija kbira, imqatta 'b'mod fin

50g/1¾oz fażola ħadra, imqatta

50 g kaboċċa, imqatta 'b'mod fin

1 basla żgħira, maħkuka

1 kuċċarina pejst tat-tewm

2 bżar aħdar

Melħ għat-togħma

½ tsp zokkor trab

½ kuċċarina amchoor*

50 g frak tal-ħobż

125g/4½ oz besan*

Żejt veġetali raffinat għall-qali

Metodu

- Ħallat l-ingredjenti kollha ħlief iż-żejt. Forma fi 12-il ċilindru.
- Saħħan iż-żejt ġo taġen. Aqli r-rollijiet sakemm ikunu kannella dehbi.
- Servi sħun maz-zalza tat-tadam.

matematika

(melħ moqli)

Agħti 25

Materja prima

350g/12oz dqiq abjad sempliċi

200ml ilma fietel

1 tablespoon ta 'ghee

1 tsp żerriegħa ajwain

1 tablespoon ta 'ghee

Melħ għat-togħma

Żejt veġetali raffinat għall-qali

Metodu

- Ħallat l-ingredjenti kollha ħlief iż-żejt. Knead f'għaġina ratba.
- Aqsam l-għaġina f'25 parti. Irrombla kull porzjon f'diska b'dijametru ta' 5cm. Aqbad il-platti bil-furketta u warrab għal 30 minuta.
- Saħħan iż-żejt ġo borma. Aqli d-diski sakemm isiru dehbi ċari.
- Ixxotta fuq xugamani tal-karti. Friġġ u aħżen f'kontenitur mitbuq.

Poha Pakoda

Għal 4 persuni

Materja prima

100g/3½ oz poha*

500ml/16 fl oz ilma

125g/4½ oz karawett, mitħun oħxon

½ tsp pejst tal-ġinġer

½ tsp pejst tat-tewm

2 kuċċarini meraq tal-lumi

1 kuċċarina zokkor

1 tsp kosbor mitħun

½ kuċċarina kemmun mitħun

10 g/¼ oz weraq tal-kosbor, imqatta' fin

Melħ għat-togħma

Żejt veġetali raffinat għall-qali

Metodu

- Xarrab poha fl-ilma għal 15-il minuta. Ixxotta u ħallat ma' kull ħaġa oħra ħlief iż-żejt. Ifforma blalen daqs ġewż.
- Saħħan iż-żejt ġo taġen. Aqli l-blalen tal-poha fuq nar medju sa kannella dehbi.
- Ixxotta fuq xugamani tal-karti. Servi sħun maċ-chutney mint

Hariyali Murgh Tikka

(Tikka Ħadra tat-Tiġieġ)

Għal 4 persuni

Materja prima
650g/1lb 6oz tiġieġ bla għadam, maqtugħ f'biċċiet ta' 5cm/2in

Żejt veġetali raffinat għat-tfarfir

Għall-pickles:
Melħ għat-togħma

Jogurt 125g/4½ oz

1 tablespoon ta 'pejst tal-ġinġer

1 tablespoon pejst tat-tewm

25 g/biċċa weraq mint, mitħun

25g/biċċa 1oz weraq tal-kosbor, mitħun

50g/1¾oz spinaċi, ikkapuljat

2 imgħaref garam masala

3 imgħaref meraq tal-lumi

Metodu

- Ħallat l-ingredjenti għall-immarinar flimkien. Immarina t-tiġieġ b'din it-taħlita għal 5-6 sigħat fil-friġġ. Neħħi mill-friġġ mill-inqas siegħa qabel it-tisjir.
- Grill il-biċċiet tat-tiġieġ fuq skewer jew f'grill pan biż-żejt. Sajjar sakemm it-tiġieġ ikun kannella min-naħat kollha. Servi sħun.

Boti Kebab

(Lamb Kebab Bites)

Agħti 20

Materja prima

500g/1lb 2oz ħaruf bla għadam, maqtugħ f'biċċiet żgħar

1 kuċċarina pejst tal-ġinġer

2 kuċċarini pejst tat-tewm

2 tsp chilli aħdar

½ tablespoon kosbor mitħun

½ tablespoon kemmun mitħun

tsp turmeric

1 tsp trab tal-bżar

kuċċarina garam masala

Meraq ta '1 lumi

Melħ għat-togħma

Metodu
- Ħallat l-ingredjenti kollha sew u ħalli għal 3 sigħat.
- Aqta' l-biċċiet tal-ħaruf. Sajjar fuq grill tal-faħam għal 20 minuta sakemm ikun kannella dehbi. Servi sħun.

Chat

(snack fit-togħma tal-patata)

Għal 4 persuni

Materja prima

Żejt veġetali raffinat għall-qali

4 patata medja, mgħollija, imqaxxra u maqtugħa f'biċċiet ta '2.5 cm

½ tsp trab tal-bżar

Melħ għat-togħma

1 tsp kemmun mitħun, inkaljat niexef

1½ tsp chaat masala*

1 kuċċarina meraq tal-lumi

2 imgħaref chutney tal-mango sħun u ħelu

1 tablespoon chutney mint

10 g/¼ oz weraq tal-kosbor, imqatta'

1 basla kbira, imqatta' fin

Metodu

- Saħħan iż-żejt ġo taġen. Aqli l-patata fuq nar medju sakemm tkun kannella dehbi min-naħat kollha. Ixxotta fuq xugamani tal-karti.
- Ħallat il-patata mat-trab taċ-chili, melħ, kemmun mitħun, chaat masala, meraq tal-lumi, chutney tal-mango sħun u ħelu u chutney mint fi skutella. Żejjen bil-weraq tal-kosbor u l-basal. Servi immedjatament.

Doża tal-ġewż

(Pancake tal-ġewż)

Jagħmel 10-12

Materja prima

250g/9oz ross, mxarrba għal 4 sigħat

100g/3½ oz poha*, mxarrba għal 15-il minuta

100g/3½ oz ross bil-fwar

50 g coconut frisk, maħkuk

50 g weraq tal-kosbor imqatta

Melħ għat-togħma

12 kuċċarina ta 'żejt veġetali raffinat

Metodu

- Għaffeġ l-ingredjenti kollha, ħlief iż-żejt, flimkien biex jiffurmaw pejst oħxon.
- Butir u saħħan taġen ċatt. Ferra mgħarfa għaġina u ferrex b'dahar ta' mgħarfa biex tifforma pancake rqiq. Ferra kuċċarina żejt fuqha. Aħmi sakemm iqarmeċ. Irrepeti mal-bqija tal-għaġina.
- Servi sħun maċ-chutney tal-ġewż

Pancakes bil-frott imnixxef

Agħti 8

Materja prima

50g/1¾oz frott imnixxef imħallat, imqatta' fin

2 imgħaref chutney tal-mango sħun u ħelu

4 patata kbira, mgħollija u maxx

2 ċajli ħodor, imqattgħin fin

1 tablespoon lamtu tal-qamħirrum

Melħ għat-togħma

Żejt veġetali raffinat għall-qali

Metodu

- Hallat frott imnixxef ma 'chutney tal-mango sħun u ħelu. Imwarrab.
- Hallat patata, bżar aħdar, lamtu tal-qamħirrun u melħ.
- Aqsam it-taħlita fi 8 blalen daqs lumi. Iċċattjahom billi tagħfashom bil-mod bejn il-pali tiegħek.
- Poġġi ftit taħlita ta' frott imnixxef fiċ-ċentru ta' kull wieħed u issiġilla bħal borża. Erġa' irrombla biex tifforma tazzi tal-ħami.
- Saħħan iż-żejt ġo taġen. Żid il-kejkijiet u aqli fuq nar medju sa kannella dehbi min-naħat kollha. Servi sħun.

Botta ross mgħolli

Jagħmel 10-12

Materja prima

100g/3½ oz ross bil-fwar

250g/9oz besan*

3-4 chili aħdar, imqatta 'b'mod fin

1 basla, imqatta' fin

50 g weraq tal-kosbor imqatta

8 weraq tal-curry, imqattgħin fin

Niskata asafoetida

3 imgħaref jogurt

Melħ għat-togħma

5 fl oz/150ml ilma

12 kuċċarina ta 'żejt veġetali raffinat

Metodu

- ħallat l-ingredjenti kollha flimkien. Itħan ħafif u żid ftit ilma biex tagħmel pejst oħxon.
- Butir u saħħan taġen ċatt. Ferra' mgħarfa għaġina u ferrex biex tifforma pancake rqiq. Ferra' kuċċarina żejt madwaru. Aħmi sakemm iqarmeċ. Irrepeti mal-bqija tal-għaġina.
- Servi sħun maċ-chutney tal-ġewż

Torti tal-banana mhux misjur

Agħti 10

Materja prima

6 banana mhux misjura, imsajra u maxx

3 chili ħodor, imqattgħin fin

1 basla żgħira, imqatta' fin

tsp turmeric

1 tablespoon lamtu tal-qamħirrum

1 tsp kosbor mitħun

1 kuċċarina kemmun mitħun

1 kuċċarina meraq tal-lumi

½ tsp pejst tal-ġinġer

½ tsp pejst tat-tewm

Melħ għat-togħma

Żejt veġetali raffinat għall-qali bażiku

Metodu

- Hallat l-ingredjenti kollha ħlief iż-żejt. Knead sew.
- Aqsam f'10 blalen ta' daqs ugwali. Irrombla fi tazzi tal-ħami.
- Saħħan iż-żejt ġo taġen. Żid ftit kejkijiet kull darba u aqli sa kannella dehbi min-naħat kollha.
- Servi sħun ma 'ketchup jew chutney mint

Sooji Vada

(Snekks tas-smid moqli)

Jagħti 25-30

Materja prima

200g/7oz smid

Jogurt 250g/9oz

1 basla kbira, imqatta

2.5 ċm għerq tal-ġinġer, maħkuk

8 weraq tal-curry

4 chili aħdar, imqatta' fin

½ coconut frisk, imqatta

Melħ għat-togħma

Żejt veġetali raffinat għall-qali

Metodu

- Ħallat l-ingredjenti kollha, ħlief iż-żejt, biex tagħmel pejst oħxon. Imwarrab.
- Saħħan iż-żejt ġo taġen. Żid b'attenzjoni mgħaref tal-batter u aqli fuq nar medju sakemm ikun kannella dehbi.
- Ixxotta fuq xugamani tal-karti. Servi sħun maċ-chutney mint

Gdim ħelu u qares

Agħti 20

Materja prima

2 imgħaref ta 'żejt veġetali raffinat

1 tsp żerriegħa tal-mustarda

1 kuċċarina żerriegħa tal-ġulġlien

7-8 weraq tal-curry

2 tbsp weraq tal-kosbor, imqatta fin

Għal muthias:

200g/7oz ross bil-fwar

50 g kaboċċa, imqatta

1 zunnarija medja, maħkuka

125g/4½ oz piżelli ffriżati, imdewweb u purè

4 chili aħdar, imqatta' fin

1 kuċċarina pejst tal-ġinġer

1 kuċċarina pejst tat-tewm

2 imgħaref ta 'zokkor trab

2 imgħaref meraq tal-lumi

Niskata turmeric

1 kuċċarina garam masala

3 imgħaref zalza tat-tadam

Melħ għat-togħma

Metodu

- Ħallat l-ingredjenti kollha tal-muthia fi skutella. Knead sew.
- Ittrasferixxi din it-taħlita għal taġen tal-kejkijiet tond ta' 8 pulzieri/20 ċm bil-grass u ferrex b'mod uniformi.
- Poġġi t-taġen fi steamer u steam għal 15-20 minuta. Ħallih jiksaħ għal 15-il minuta. Aqta 'f'biċċiet forma ta' djamant. Imwarrab.
- Saħħan iż-żejt ġo borma. Żid żerriegħa tal-mustarda, żerriegħa tal-ġulġlien u weraq tal-curry. Ħallihom jibżgħu għal 15-il sekonda.
- Ferraħ direttament fuq il-muthias. Żejjen biċ-cilantro u servi sħun.

Blalen tal-gambli

Għal 4 persuni

Materja prima

2 imgħaref żejt veġetali aktar raffinat għall-qali

1 basla, imqatta' fin

2.5 ċm għerq tal-ġinġer, imqatta 'b'mod fin

2 sinniet tat-tewm, imqattgħin fin

250 g gambli, imnaddaf u mistada

1 kuċċarina garam masala

Melħ għat-togħma

1 kuċċarina meraq tal-lumi

2 imgħaref weraq tal-kosbor imqattgħin

5 patata kbira, mgħollija u maxx

100 g frak tal-ħobż

Metodu

- Saħħan 2 imgħaref żejt ġo taġen. Żid il-basla u aqli sakemm tkun trasluċidi.
- Żid il-ġinġer u t-tewm u aqli fuq nar medju għal minuta.
- Żid gambli, garam masala u melħ. Sajjar 5-7 minuti.
- Żid il-meraq tal-lumi u l-weraq tal-kosbor. Ħallat sew u warrab.
- Melħ il-patata u iffurmahom f'kejkijiet. Poġġi ftit taħlita tal-gambli fuq kull patty. Issiġilla f'borża u ċċattja. Imwarrab.
- Saħħan iż-żejt ġo borma. Irrombla t-torti fil-frak tal-ħobż u aqli sa kannella dehbi. Servi sħun.

Kebab Reshmi

(Kebab tat-tiġieġ f'immarinar kremuż)

Jagħmel 10-12

Materja prima

8 fl oz/250 ml krema qarsa

1 kuċċarina pejst tal-ġinġer

1 kuċċarina pejst tat-tewm

1 kuċċarina melħ

1 bajda mħarxa

120ml/4fl oz krema doppja

500g/1lb 2oz tiġieġ bla għadam, imqatta

Metodu

- Ħallat krema qarsa, pejst tal-ġinġer u pejst tat-tewm flimkien. Żid il-melħ, il-bajd u l-krema biex tagħmel pejst oħxon.
- Immarina t-tiġieġ b'din it-taħlita għal 2-3 sigħat.
- Aqta' l-biċċiet u sajjar fuq grill tal-faħam sakemm ikunu kannella ċar.
- Servi sħun.

Delight Qamħ Ikkrekkjat

Agħti 15

Materja prima

250g/9oz qamħ imxaqqaq, mixwi ħafif

150g/5½ oz mung dhal*

300ml ilma

125g/4½ oz piżelli ffriżati

60 g karrotti maħkuk

1 tablespoon karawett inkaljat

1 tablespoon pejst tamarind

1 kuċċarina garam masala

1 tsp trab tal-bżar

tsp turmeric

1 kuċċarina melħ

1 tbsp weraq tal-kosbor imqatta

Metodu

- Xarrab qamħ imxaqqaq u mung dħal fl-ilma għal 2-3 sigħat.
- Żid il-bqija tal-ingredjenti, ħlief il-weraq tal-kosbor, u ħawwad sew.
- Ferra t-taħlita ġo landa tal-kejkijiet tonda ta' 20 cm. Fwar għal 10 minuti.
- Kessaħ u aqta' f'biċċiet. Żejjen bil-kosbor. Servi ma 'chutney coconut aħdar

Methi Dhokla

(kejk tal-fenugreek bil-fwar)

Agħti 12

Materja prima

200g/7oz ross tal-qamħ qasir

150g/5½ oz urad dhal*

Melħ għat-togħma

25 g/biċċa weraq fenugreek, imqatta

2 tsp chilli aħdar

1 tablespoon ta 'krema qarsa

Żejt veġetali raffinat għal-lubrikazzjoni

Metodu

- Xarrab ir-ross u dhal flimkien għal 6 sigħat.
- Itħan f'pejst oħxon u ħallih jiffermenta għal 8 sigħat.
- Żid il-bqija tal-ingredjenti. Ħallat sew u jiffermenta għal 6-7 sigħat oħra.
- Għriż landa tal-kejkijiet tonda ta' 20 cm. Ferra l-għaġina fit-taġen u ħalliha tisfur għal 7-10 minuti.
- Servi sħun ma 'kwalunkwe chutney ħelu.

Kejkijiet tal-piżelli

Agħti 12

Materja prima

2 imgħaref żejt veġetali purifikat flimkien ma 'ftit aktar għall-qali

1 tsp żerriegħa tal-kemmun

600g/1lb 5oz fażola msajra, purè

1½ tsp amchoor*

1½ tsp kosbor mitħun

Melħ għat-togħma

½ kuċċarina bżar iswed mitħun

6 patata, mgħollija u maxx

2 flieli ħobż

Metodu

- Saħħan 2 imgħaref żejt ġo kazzola. Żid żrieragħ tal-kemmun. Wara 15-il sekonda, żid fażola, amchoor u kosbor. Fry għal 2 minuti. Imwarrab.
- Melħ u bżar il-patata. Imwarrab.
- Għaddas il-flieli tal-ħobż fl-ilma. Agħfas l-ilma żejjed billi tagħfas bejn il-pali tiegħek. Neħħi l-qoxra u żid il-flieli mat-taħlita tal-patata. Ħallat sew. Aqsam it-taħlita fi blalen daqs lumi.
- Iċċattja kull ballun u poġġi tablespoon tat-taħlita tal-piżelli fiċ-ċentru. Agħlaq bħal but u terġa' tinfetaħ.
- Saħħan iż-żejt ġo taġen. Aqli l-kejkijiet sakemm ikunu kannella dehbi. Servi sħun.

Nimki

(Trijangolu tad-dqiq iqarmeċ)

Agħti 20

Materja prima

500g/1lb 2oz besan*

75g/2½ oz ghee

1 kuċċarina melħ

1 tsp żerriegħa tal-kemmun

1 tsp żerriegħa ajwain

200ml ilma

Melħ għat-togħma

Żejt veġetali raffinat għall-qali

Metodu

- Ħallat l-ingredjenti kollha ħlief iż-żejt. Knead f'għaġina iebsa.
- Agħmel blalen daqs ġewż. Irrombla f'diski rqaq. Aqta 'minn nofs u itwi fi triangoli.
- Saħħan iż-żejt ġo taġen. Aqli t-trijangoli fuq nar medju sakemm ikunu kannella dehbi. Friġġ u aħżen f'kontenitur mitbuq sa 8 ijiem.

Dahi Pakoda Chaat

(Pasti tal-għads tal-jogurt moqli)

Għal 4 persuni

Materja prima

200g/7oz mung dhal*

200g/7oz urad dhal*

Ġinġer ta' l-għerq ta' ½ pulzier/1 ċm, imqatta'

3 imgħaref weraq tal-kosbor imqattgħin

Melħ għat-togħma

Żejt veġetali raffinat għall-qali

125g/4½ oz ċatni tat-tadam ħelu

125 g chutney mint

175g/6oz jogurt, bit-tarjola

½ tsp melħ iswed

1 tbsp kemmun mitħun, inkaljat niexef

3 imgħaref Bombay taħlita*

Metodu

- Poġġi d-dals flimkien għal 4-5 sigħat. Ixxotta u żid il-ġinġer, 2 tbsp weraq tal-kosbor u melħ. Itħan biex tagħmel pejst oħxon. Imwarrab.

- Saħħan iż-żejt ġo borma. Meta tibda tpejjep, żid mgħaref mill-batter magħha. Aqli sakemm ikunu kannella dehbi. Ixxotta fuq xugamani tal-karti.
- Irranġa l-pakodas moqlija fuq platt tas-servizz. Drixx chutney mint, chutney tat-tadam ħelu u jogurt fuq pakodas. Roxx mal-bqija tal-ingredjenti. Servi immedjatament.

www.ingramcontent.com/pod-product-compliance
Lightning Source LLC
Chambersburg PA
CBHW071425080526
44587CB00014B/1744